地域批評シリーズ⑱

これでいいのか東京都立川市

まえがき

本書は、2011年に刊行された日本の特別地域『これでいいのか東京都立川市』を再編集し、新たに構成して文庫化したものである。

その2011年度版では、取材や統計データを基に立川市の各地域や住民の特徴を探っている。当時は震災直後であり、立川断層の存在が地元では大きなトピックだった。その一方で広域防災基地としての役割を担い、多くの行政機関が立川市に移転してきた時期でもあり、立川の未来を論じる上でもそれらはひとつの大きなテーマであった。

2011年以降も立川では再開発が日進月歩で進められた。駅直結のタワーマンションが建てられ、基地跡地には大型商業施設のららぽーと立川立飛もオープンした。かつては八王子と多摩の覇権を争っていたものの、目覚ましい急成長で今や八王子を眼下に置き、かのプライドの高いお隣の国立の住民でさえ、何かと立川に依存するようにもなっている。そしてこうした街の目覚ましい発展ぶりが世間に知られるようになり、立川はいつしか「住みたい街」といわれるようにもなった。２０１７年の『住みたい街ランキング関東版』では20位と、前年の29位からランクアップし、その勢いはとどまることを知らない。ショッピング、レジャー、行政機関、学校、鉄火場、繁華街と立川には何でも揃っている。市内ですべてが完結できるという意味では、確かに「住みたくなる街」といえるかもしれない。だが、光があれば影があるように、立川という街は、ネット情報では知ることのできない秘めた一面を持っている。

急激な変貌を遂げる一方で、立川はある面ではまったく変わらない。現在の立川は、１９６２年に北部の砂川エリア（旧砂川町）と南部の立川エリア（旧立川市）が合併して誕生した。以来55年の時を経ても、その気質や文化は分断されたままなのだ。生粋の立川民とはかつて、米軍基地の兵士たちを相手に色街や飲み屋街を築き上げていった「商人」であるのに対し、生粋の砂川民はかつて米軍と壮絶な争いを繰り広げ、実力行使で米軍基地を追い出した「農民」。商魂たくましい立川民は「長いものに巻かれる」タイプであり、郷土愛が殊更強い砂川民は「ポリシーは決して曲げない」タイプと、両者の気質は相反する。ちなみに１９８７年から立川市長は砂川エリアからしか選出されていないが、立川民（一部を除く）はそんな事を気にもかけない。彼らにすればメリットがあるなら為政者が誰であろうと別段構わないのである。翻って砂川民は融通が利かない。代々受け継がれてきた農地を決して安売りせず、基本的に巨大開発を受け入れようとしない。砂川民は自分たちのテリトリーを守るために立川市制を牛耳り続けているのかもしれないが、このように南北エリアにおける住民意識には大きな差と溝があるのだ。

そして立川の南北を牛耳る先住民と、屈指のターミナルゆえに集まるさまざまな人種がミックスされているのが今の立川である。周辺の大学に通う大学生、地方から上京して都心に通うサラリーマンやＯＬ、お手頃価格のマンションを求めて北部エリアに住み着いたファミリー層――。さらに競輪や競馬、パチンコなどを求めてやってくるギャンブラー、多摩センター界隈からやってくるヤンキー、タカシマヤや伊勢丹で買い物を楽しむセレブなマダムなどなど、立川でうごめく人種は実にバラエティに富んでいる。

立川はこれまで多様なニーズを持つ人たちを受け入れるべく、南北に分断された先住民たちがそれぞれの価値観で街を発展させてきた。その象徴が立川駅の北口と南口だ。北口は再開発によって近未来的な景観と変貌を遂げた。しかし南口は飲み屋や風俗などが雑多に建ち並び、近未来とはほど遠い街並みとなっている。こうした南北の違いを見ると、かの立川断層って立川駅の線路に沿って走っているのではないかと勘繰りたくもなる。

本書では、以前（2011年時点）に掲載していた内容を一部そのまま残し、そこに現在の変化を追記することで、約5年間の立川市の変わりようがわかるようにした。さらに再開発によって生じたメリットとデメリット、続々と流入する新住民の実態を新たに書き下ろしている。これにより、立川住民の気質が生まれた経緯から、多摩圏の中心地として発展する過渡期、「住みたい街」と認知されるようになった現在が一冊でわかるようにしている。住民たちの悲喜こもごもの話を織り交ぜながら、地元に密着しなくてはわからない実情に迫り、僭越ながら立川市の未来についても論じてみた。

最後までお付き合いいただければ幸いである。

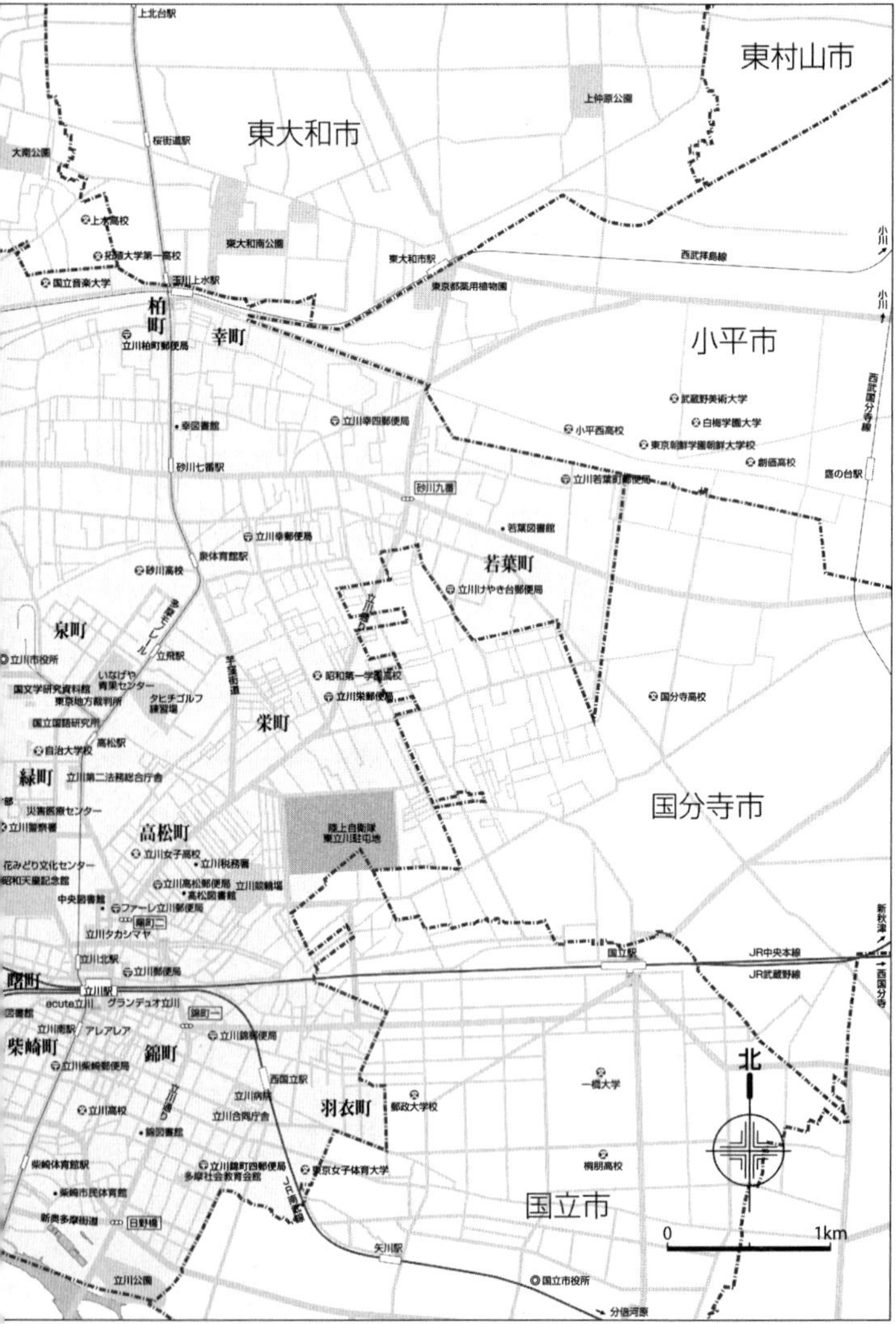

上北台駅
東村山市
上仲原公園
東大和市
桜街道駅
大南公園
東大和南公園
東大和市駅
西武拝島線
国立音楽大学
玉川上水駅
東京都薬用植物園
柏町
幸町
立川柏町郵便局
小平市
西武国分寺線
武蔵野美術大学
白梅学園大学
立川幸西郵便局
小平西高校
東京朝鮮学園朝鮮大学校
幸図書館
創価高校
砂川七番駅
鷹の台駅
砂川九番
若葉図書館
立川幸郵便局
泉体育館駅
若葉町
砂川高校
立川けやき台郵便局
泉町
立川市役所
立飛駅
いなげや
昭和第一学園高校
国文学研究資料館
東京地方裁判所
タヒチゴルフ練習場
立川栄郵便局
国分寺高校
国立国語研究所
栄町
自治大学校
高松駅
緑町
立川第二法務総合庁舎
国分寺市
災害医療センター
立川警察署
高松町
陸上自衛隊東立川駐屯地
立川女子高校
立川税務署
花みどり文化センター
昭和天皇記念館
立川高松郵便局
立川競輪場
高松図書館
中央図書館
ファーレ立川郵便局
曙町二
立川タカシマヤ
国立駅
新秋津
JR中央本線
立川北駅
立川郵便局
JR武蔵野線
曙町
立川駅
西国分寺
ecute立川
グランデュオ立川
錦町一
立川南駅
アレアレア
立川錦郵便局
柴崎町
錦町
立川柴崎郵便局
北
西国立駅
一橋大学
立川病院
羽衣町
郵政大学校
立川高校
立川合同庁舎
錦図書館
桐朋高校
立川錦町西郵便局
多摩社会教育会館
東京女子体育大学
柴崎体育館駅
柴崎市民体育館
国立市
新奥多摩街道
日野橋
0
1km
矢川駅
立川公園
国立市役所
分倍河原

立川市MAP

武蔵村山市
福生市
東京経済大学
伊奈平南
西砂町
立川松中郵便局
立川西砂郵便局
西砂図書館
武蔵砂川駅
西武拝島線
砂川町
熊川武蔵野
西武立川駅
天王橋
一番町
砂川三番
砂川郵便局
上砂町
立川大山郵便局
上砂図書館
立川市
拝島
昭和記念公園
陸上自衛隊立川駐屯地
昭島駅
中神駅
東中神駅
JR青梅線
JR八高線
昭島市役所
昭島市
昭和高校
西立川駅
昭和公園
立川富士見郵便局
富士見町
奥多摩街道
宮沢
郷地町
多摩大橋北
新奥多摩街道
立川富士見六郵便局
多摩川図書館
多摩川
多摩大橋南
八王子市
日野市
小宮駅
八王子

立川市基礎データ

国	日本
都道府県	東京都
団体コード	13202-1
面積	24.36㎢
総人口	179,512 人
人口密度	7,370 人 /㎢
隣接自治体	国立市、日野市、昭島市、国分寺市、武蔵村山市、東大和市、小平市、福生市
市の木	ケヤキ
市の花	コブシ
市役所所在地	東京都立川市泉町 1156-9
市役所電話番号	042-523-2111（代表）

※ 2017 年 8 月 1 日現在

まえがき……2
立川市MAP……6
立川市基礎データ……8

●第1章●【立川市ってどんなトコ?】……15

【開発】まちづくりに躍起だが足を伸ばせば空き地だらけ……16
【人種】集結する多摩民と土着の立川民でカオス状態……25
【行政】省庁機関が集中する「第二の霞が関」立川……32
【住宅】北のだだっ広い宅地と流入民が住む駅近住宅……40
【犯罪】多摩随一の娯楽地帯のせいで治安最悪の印象……48
【交通インフラ】鉄道は充実しているが逆に道路は弱体……55
【災害】広域防災基地としての立川の役割って?……64

立川市コラム1　昭和記念公園とその左右……70
●第2章●【人口が少ないのに人が多い立川】……73
そもそもは軍都として発展した立川……74
大規模開発が進む立川は攻めの一辺倒!?……80
立川市とその周辺ってどんな人が住んでる?……87
交通要地でオフィスが集積でも企業立地までは……92
行政・研究機関の移転で公務員も立川に続々移動……98
周辺は大学だらけ！　立川に集う学生たち……104
立川市コラム2　喫煙所撤廃でも喫煙者にやさしい!?……108
●第3章●【何でも揃ういびつなパラダイス立川南北地区】……111

ギャップありすぎ！　立川南北エリアの光と影……112
鉄火場に続く曙町・錦町のディープ度……117
競輪場はあるのに最悪な立川駅前の自転車事情……123
立川駅に鎮座する超巨大駅ビルの本当の評判……129
血気盛んなエリアだけに花開いたお祭り文化……135
立川の文化は「中央線カルチャー」なのか？……141
立川市コラム3　立川の名物おでんそばが復活した⁉……146

●第4章●【謎ばかりの未開の地　砂川東西地区】……149
近代的郊外型都市を目指すもあるのはフツーの住宅街……150
開発の波が及ばない巨大団地の内情……155
鉄道はあるのに大きく発展しないわけ……160
砂川の大動脈・五日市街道の重要性……166

商都・立川のイメージだが意外と盛んな農業……171
立川市コラム4　犯罪が多すぎる立川駅北口の怪！……176

●第5章●【どっちも負けられない⁉　立川の仁義なき戦い】……179

多摩圏の覇権を争う立川と八王子……180
立川と同エリアで紹介される国立の上から目線……186
立川の本流をアピールする砂川民の結束力……192
増加する新住民と旧住民のドライな関係……197
立川市民が快く思わない多摩モノレールからの流入者……203
アウトローがいっぱい？　多摩地区ワル事情……209
立川市コラム5　境界線が分かりづらい立川！……214

●第6章●【さらなる再開発で住みたい街へレベルアップ！】……217
住みたい街ランキング過去最高位でも実際は田舎だと思われてる⁉……218
再開発は駅前から基地跡地へ　企業誘致はどこまで進んだ⁉……224
行政も躍起になるオタク文化推しは成果をあげているのか？……230
人口は安定して増えているのに移住民が定住しないワケ……236
立川市コラム6　江戸時代の面影残る玉川上水……242
●第7章●【災害から人の命を守る防災拠点の立川】……245
西の防災拠点となっている立川の実力……246
何かと話題の立川断層ってなんだ？……252
立川に巨大地震が来たらどうなる？……258
病院の数は多いが……　立川の医療事情に迫る……265

立川市コラム7　ふたつある立川の駐屯地……270

●第8章●【立川の根底に流れるムラ気質の是非を問う！】……273

再開発でのアピールは成功　足らないのは独自カルチャー……274
解消されない立川の「南北格差」地元民に愛されるのはドッチ!?……280
マンション族は救世主となるか!?　人口流出を食い止めるカギ……286
「治安の悪さ」はいまだ払拭できず子供を取り巻く環境整備が課題！……292
「住みたい」よりも「住みやすい」ムラ気質から脱却するのは今！……298

あとがき……306
参考文献……310

第1章
立川市って
どんなトコ？

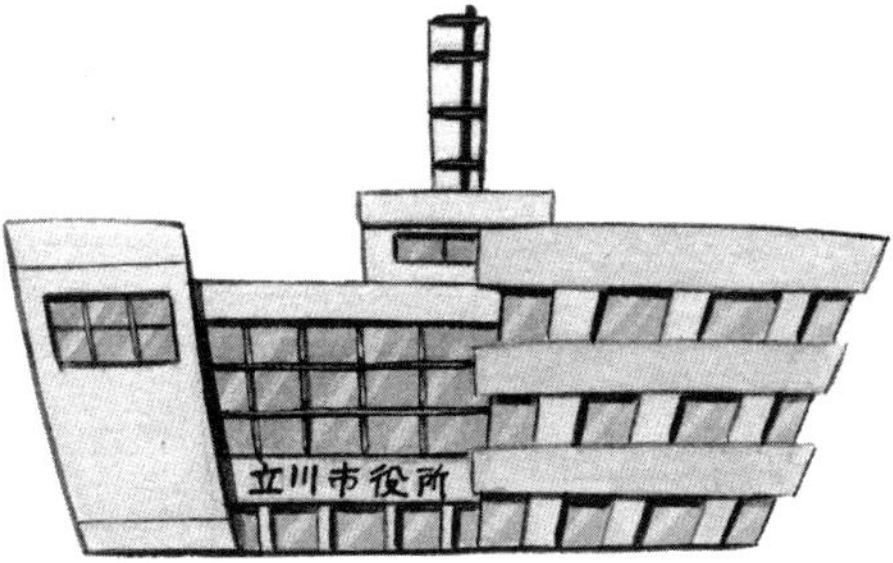

【開発】まちづくりに躍起だが足を伸ばせば空き地だらけ

夢の近未来都市新生立川の勇姿!!

立川市、それは東京都西部地域の中核都市であり、三鷹、八王子と並び特急列車が停車する巨大ターミナル駅をかかえる大(?)都市である。

近年では近未来SF作品のイメージに選ばれるほど、立川駅前を中心とする立体構造のまちづくり、モノレールを近隣各地との交通網として採用など、ビジュアル面だけでも「これぞ再開発」というべき先進性を見せている。

しかし、当然ではあるが、立川も元々このように近未来都市チックであったわけではない。無人の荒野にいきなり街が生えてきたのでもない限り、歴史があって「昔の姿」は存在するのである。

さて、その昔の姿であるが、直接的なものは、いわゆる「戦後のバラック」である。陸軍飛行場から進駐軍の拠点を中心に人々を集めた立川。戦後の復興期には奥多摩開発が始まり、赤線地帯や競輪場などがあり、「現場」から比較的近い立川には、多くの労働者が集まって一大歓楽街に発展した。こうした「労働者と遊びの街」が変化の兆しを見せたのは１９８０年代の後半である。

基地跡地区の再開発から全部変えちゃった立川

現在は昭和記念公園などになっている立川駅からもほど近かった米軍基地は、１９７７年に返還され、１９８３年には国営の昭和記念公園ができた。そして３年後には立川駅北口、公園にならなかった基地跡地区の整備計画がまとまり、再開発計画が始まる。

とはいえ、この時点では「計画」がまとまっただけで、住民にはたいした変化は感じられなかった。本格的に再開発の動きが感じられるようになったのは１９８９年の多摩都市モノレール計画が発表されてからだろう。１９９２年には基地跡地の工事が始まり、1998年にはモノレールが一部開通。その後2000年のモノレール全線開通を始め、立川駅南口、北口をつなぐ歩行者用デッキの完成、相次ぐ商業施設、官公庁施設の完成と、スピーディに立川の街はその姿を変えていった。90年代にあった立川駅周辺の光景は、消え去ったかのようだ。

しかし、その実情を見てみると、案外そこここに「旧立川」の名残がある。というか、デッキを降りるとわりに「ああ、そのまんまじゃん」な場所も結構あったりする。その様は、まるでSFの階層都市（旧市街をそのままに、その上に新しい街をどんどん作って下層がスラム化したりする）を彷彿とさせる。なんだかおきれいなものが好きなギョーセーが、立ち退かせたりするのも面倒だからその上にフタしちゃえ的な発想で進めたのではないか、などと思ってしまう。まあこのあたりの考察は後の頁に譲るとして、ここでは再開発の象徴というべき施設などを見ていこう。

「未来チック」の象徴はモノレール駅？

西東京全域におけるインフラ網の弱点。それはやはり南北移動である。中野以西の鉄道網はJR、西武、京王などがその主力となるが、北部を西武、中央部をJR、南部を京王が受け持つところまではよいが、東京都が終わるまで、これら東西に走る路線を南北につなぐのはバスが主力。特に京王とその他の路線の接続は非常に弱く、甲州街道（中央道）を挟んで西東京は南北に分断されているといっても過言ではなかった。

これを解消したのがモノレールだ。JR立川駅を中心に、北は玉川上水で西武と、南は高幡不動で京王、多摩センターで京王・小田急と接続する。これによって、立川市を中心とする多摩地域に多数あった交通不毛地帯はかなりの緩和をみたといえるだろう。これにより、「今まで立川にいきたかったけどなかなかいけなかった人々」が立川に集まっている。

しかし、再開発によって生まれた景観という点ではけっこう疑問が残る点もある。とりあえず、なぜモノレールの立川駅が北駅と南駅とふたつもあるのか。

歩行者デッキで繋がっているんだからひとつでいいじゃん！　と思うのだが、これが使ってみると案外便利。どだい、モノレールに乗る人は立川駅を目指す訳であって、北から来る人は北駅で南から来る人は南駅で降りるものであり、まあいないとは言わないが、立川駅を突破して北上・南下する人が非常に少ないとするとこれはこれで「少しでも便利にしてくれた」という感覚がある。かゆいところに手の届いている再開発じゃないの！

官公庁舎は北側　駅の周りは商業施設

立川の再開発は、ブロックごとにその役割を分ける「ブロック化」が進んでいる。モノレールと同様の思想で整備された南北をつなぐ幹線道路沿いには官公庁舎が並び、駅の周りは商業施設となっている。ただ、市庁舎はおかげでかなり遠く感じる。というかモノレールに乗るべき距離だ。このエリアには、他に警察署、自治大学校、米軍時代に比べればずいぶん狭くなったが自衛隊の駐屯地などもある。

官公庁舎を一カ所に集め（追い出し？）て、駅の周りには巨大商業施設が集まっている。北口にあった基地跡にはファーレ立川。タカシマヤを中心に図書館や企業ビルを集めた複合施設だ。また、旧立川セントラル劇場をルーツとするシネマシティもこの区画にあり、商業、文化、企業が一カ所に集まっている。また、伊勢丹や駅ビルであるルミネなどもほぼ隣接しており、これらを合わせて巨大な商業エリアを構成している。

南口には1999年よりグランデュオがオープン。JRと阪急百貨店の提携により生まれたこのビルは8階建て。蒲田店と並ぶJRの最新型商業施設だ。グランデュオは20代後半から30代の女性をターゲットとしており、これにより中高年のタカシマヤ・伊勢丹、若年層向けのルミネと合わせ、買い物面で立川という街からは死角がなくなったといえるだろう。

とはいえ、こうした最新鋭施設だけが立川ではない。これら再開発の産物に加え、古くから立川市民に親しまれた第一デパートがいい例だ。燃料タンクローリーと列車の衝突事故によって生まれた空き地を利用して作られたというハリウッド真っ青なこのデパートには、マニアックな専門店が集まっており、中野ブロードウェイにいかずとも、それらの趣味をある程度満たせるという役割で、画一的になりがちな再開発都市に多様性を持たせる重要な施設となっていた。このビルも老朽化のため建てかえが決定したが、中身はあまりいじらないでもらいたいものだ。

※　※　※

2016年8月には駅直結の32階建てビル・立川タクロスがオープン。1～2階が公共の自転車駐輪場と行政窓口サービスで、3～7階がヤマダ電機などの店舗、9～32階が分譲マンションで、マンション部分はあっという間に完売するほどの人気ぶりだった。しかし、肝心のヤマダ電機が旧住民にはやや不人気。かつて同地に建っていた第一デパートを懐かしむ声も聞こえてくる。また、地味にリニューアルオープンしたフロム中武は、相変わらず意味不明なキャッチコピーがデカデカと店頭に掲げられているが、怪しいテナントが一掃されてしまったため、逆に地元民の需要が薄くなってしまった感がある。

対して駅前で住民に最も受け入れられているのはドンキだろう。あの雑多な感じは立川民の好みなのである。

駅前デッキ周辺の商業ビルでは、毎年のように新しい飲食店ができてはいつの間にか消えていくという飲食店激戦区となっている

上北台駅～多摩センター駅をつなぐ総距離16キロ、5市にまたがった多摩都市モノレール線。1998年の開業以来、すっかり住民の足として定着し延伸計画の声も。ただし具体的な話は進んでいない

立川駅西側には、新たに南北自由通路と改札、タクロス広場なる公共スペースが設けられたが、人通りは決して多くはない

地下３階、地上９階建ての立川タカシマヤ。駅前再開発の移転によって駅から若干遠のき、そのせいか、現在は売上げ地区ナンバー１の座を伊勢丹に譲り渡した。が、その堂々たる存在感は現役だ

【人種】集結する多摩民と土着の立川民でカオス状態

再開発で立川の構成人種が大変化

駅前をはじめとした再開発の進展によって、立川市は劇的にその姿を変えつつある。それは何より、立川市を構成する「人種」が変化していることに表れている。

まず目立つのはサラリーマンだ。彼らは再開発によって整備されたオフィスビルや機能移転などによってできた官公庁に通う人々なのだ。これまで、「支店」がそのほとんどで、基本的には地元企業がその大多数を占めていた立川の姿を大きく変えている。

こうした変化の大きな要因としては、やはり多摩都市モノレールの成功があるだろう。これにより、これまで近くて遠かった西武線エリア、京王・小田急エリアの住宅地と立川が繋がった。これによって新たにやってきた官公庁やオフィス街などが「通勤しやすい場所」として確立したのだ。

さらに、元々ターミナル駅であった立川駅が、再開発によって買い物やプレイスポットとしての機能を強化した点も見逃せない。

以前から、立川駅はこうした機能をもった西東京の拠点都市ではあった。しかし、西の八王子や東の吉祥寺。中央線にゆられること約40分の世界最大級の繁華街・新宿と比べればその求心力は低いものだった。

つまり、以前の立川は立川駅最寄り民以外の周辺住民にとって「まあ近いけど立川じゃあんまり種類ないし新宿いっちゃえ」的な扱いであったのである。立川は「目的地」にはなり得ていなかったのだ（競輪は別）。

しかし、今の立川は違う。八王子は凌駕し、周辺住民にとってはアクセスの容易さで吉祥寺はおろか、新宿に対してさえもアドバンテージを持つ街となった。これが、立川がその構成人種を変化させたことのもうひとつの大きな要因であるといえよう。１９９９年にはＪＲ東日本の乗車人数ランキング23位だった立川駅は、２０１０年15位まで順位を上げている。

駅の利用人数は東日本でも上位ランクで、それ以上に立川には人が多く見える。さぞ立川市は人口が爆発的に増加中なのでは……、と考えがちだが、実はそんなことはない。確かに人数は増えているが２０１１年現在でも18万人弱。人口密度でいえば、23区内の住宅エリアの半分程度でしかない。広大な昭和記念公園など人口密度を下げている要因は色々と考えられるが、ともかく23区内などと比べると、まだまだ「余裕のある田舎」なのである。

しかし、立川の街を闊歩する人は、他の繁華街と比べても遜色の無い人数に見える。つまり、周辺から立川にやってくる人々が、立川の街の重要な構成要因となっているようだ。立川市は周辺地域も合わせた形で、大きくその人口を増やしつつあるのである。

立川の旧住民は歴史とともに

では、これら新住民に対して元から立川に住んでいた人々とはどんな人々なのであろうか。

戦国時代。無人の荒野に近かった現在の23区エリアに突如江戸という大都市が出現し、その飲料水事情向上のために「玉川上水」が開発される。これが立川エリア発達の、事実上の出発点となる。上水に沿って五日市街道沿いの砂川地区に新田開発がなされ、住民が増加。このあたりは将軍家の直轄領であり「多摩天領」という「将軍直々の民」という誇り高い人種が発生した。幕末に、最後まで幕府とともに戦った新撰組の幹部の多くもこの「多摩天領」出身者だ。

将軍家への忠誠に篤い多摩住民を面倒くさがったのか、明治に入りこのエリアが神奈川県に編入されてからは首都近郊の農業地帯としてしごく平凡に発展していく。1889年4月には後の国鉄（JR）中央線の母体となる甲武鉄道最初の鉄道路線として新宿～立川間で開通。現在に続く立川駅の誕生である。甲武鉄道（中央線）開通によって立川の地にやってきたのは運輸業者やそうした人々のための商店などをはじめとした、それまでの完全な農村住民とは毛色の違った「都市型」住民が増えていったのだ。その後1893年、現在の立川市エリアは東京府に移管される。

陸軍施設の完成で「街」としての立川が完成

次の転機は１９２２年。陸軍飛行第５連隊の立川飛行場の設立である。軍事施設ができると言うことは、ともかく大量の人間が来るということである。同時に、軍隊というものは本質的に生産活動を行うものではなく消費活動を行うものだ。しかも税金で消費を行う。もちろん人間の集団だから、当然飯は食うし酒も飲む。オトナのムフフな楽しみだって当然必要だ（軍隊とは地獄のストイック空間である）。大いなるビジネスチャンスが立川の地に舞い降りたのだ。

基地需要目当ての各種業者や飲食店、花街が駅周辺に形成され現代に続く繁華街の基礎が築かれる。基地設立の翌年には立川村が立川町に、１９４０年にはついに東京市（現在の23区）八王子市に続く東京府第三の「市」となり、西東京の中核都市としての地位を確立する。そして立川住民もまた、農民中心から都市住民中心へと変化していったのである。

基地と闇市と労働者と戦後も状況は変わらず

終戦後の混乱も一息つくと、今度は本格的な復興が始まる。「金の卵」と呼ばれた集団就職運動など、戦前にも増して人口爆発の進んだこの時期は、新たな混乱に見舞われた時期といえる。何もかも足りないのだ。

まず根本から「土地」が足りなかった。元々人間というものは職場の近くに住むようにできていたが、もうそんなこと言っていられなかった。首都圏からは離れているとは言え、鉄道で一時間程度で通勤できる立川にも借家、そしてアパートなどが増え、それまではそれほど多くなかったサラリーマンが数多くやってきた。

また、インフラも圧倒的に不足していた。上下水道の整備、電気、電話網の整備、鉄道や道路の整備など、ともかく「工事」が山のように必要だったのである。立川に直接的に関係したものでは、上水、つまり飲料水確保のための奥多摩一帯のダム建設などが有名だろう。奥多摩への玄関口のひとつである立川には市営の競輪場ができたこともあり、奥多摩で働く労働者の募集、宿泊、息

こちらは諏訪神社例大祭の様子。諏訪神社から立川南通りへ神輿が行き交うのだが途中の住宅街は道が狭く、ゴッタ煮状態に。筆者は写真を撮るべく神輿に近寄ったが、見事にスプラッシュ！

抜き（遊び）の拠点として立川は発展していく。歴史的大動脈である甲州街道とそれに沿う形で建設された中央自動車道の整備・建造という大事業もあり、労働者が立川に多く集まるのはまさしく必然であったのだ。

こうしてみていくと、立川を構成する人々はすべて後から入ってきた人々が、入れ替わるでもなく「追加」されてきたということが分かる。元来の農家勢力に鉄道や軍事施設に関連して都市型住民が、戦後成長期に労働者層が、そして今、再開発によって新たなサラリーマン層が追加されてきたのが立川の歴史と言える。現在も、その「モザイク」の色を増やしている途上なのである。

【行政】省庁機関が集中する「第二の霞が関」立川

西東京の中枢が大挙集結中！

立川市は、立川駅を中心とした繁華街としてのみ栄えているのでは無い。普通に街を歩いているだけでは分からないが、国や都の施設が集結しているのである。

これらの施設も、やはり再開発にともなってここ数年整備されたものが多い。場所も、立川駅の北側の、昭和記念公園と多摩モノレールに挟まれたエリアに集中している。

そもそも、こうした西東京エリアの行政拠点は、立川、八王子、府中など様々な場所に分散していた。そのうち立川には、基地以外ろくなものがなかった。

そしてこの10年。昭和記念公園の東側エリアには、再開発にともない、新たな官公庁施設が続々とやってきている。東の新宿、丸の内を中心とした都や国の機関の出張所的なものも多いが、この立川が本家本元の施設というものも多く含まれているのである。

副々都心立川？　都心壊滅時もお任せ

未曾有の大災害を経た今、ひときわ光る立川市の官公庁と言えば、「立川広域防災基地」が挙げられる。

この施設は、国の中枢である23区エリアが災害などで使用不能になった場合、災害対策に必要な機能をごっそりこちらに移せるようになっているという、まことに強力なものだ。敷地面積は１１５ヘクタール。飛行場、備蓄倉庫、医療施設を整えている。内閣府、国土交通省の施設を立川防災合同庁舎に、防衛省の指揮系統も立川駐屯地に移すなどの想定がなされているが、こうした専門の「避難施設」だけではなく、立川の警察、消防は元々西東京の中核を担う規模のものであり、当然災害時に桜田門などの中枢が被災した場合の代替施設となれるように作られている。

この防災基地は、２０１１年３月の東日本大震災でもその能力の一端を発揮している。防災基地の重要施設である国立病院機構災害医療センターは、災害時に出動する災害派遣医療チーム（ＤＭＡＴ）の研修を行っているが、東日本大震災に際しては、研修ではなく実働部隊がここ立川から被災地に向かっており、また全国のＤＭＡＴの指揮系統もここに集約された。すでに実戦を経ている「大本営」なのである。

司法機能が特に充実

こうした「副々都心」機能の多くは都であれば新宿、国であれば丸の内一帯などからの「機能移転」と「リザーブ」としてのものが多いのだが、丸ごと「移転」してきたものもある。東京地方裁判所立川支部だ。

読んで字の通り、この施設は東京地裁の西部支部なのである。こう書くともっと色々なところにありそうなものだが、東京地裁霞が関の本庁と立川の支部だけ。簡裁はもうすこしたくさんあるが、本格的な裁判を行えるのは東京に２カ所しか無いという、重要なものだ。しかし、これは元々立川にあったものではない。

東京地裁の西部支部は、そもそも八王子にあった。１９５９年の建造以来、50年にわたり東京西部の司法を司ってきたわけだが、建物の老朽化や施設規模の不足により２００９年に立川へ移転。地上８階地下１階の立派なもので、新庁舎には裁判員制度に対応した法廷が５カ所。裁判員候補者の待合室や評議室、民事合議法廷なども作られ、地方裁判所としては国内最大級である。また、現在八王子にある拘置支所も移転し、八王子時代の約６倍にあたる１０００人の収容定員をまかなえる。

さらに、これに合わせて検察庁の八王子支部も同様に立川に移り、立川市錦町にあった簡易裁判所もここに移転。もうなんでもかんでも持ってきてしまったのである。

この施設も立川の「官庁街」にあり、防災センターとあわせ、本当に都心部が壊滅しても立川オンリーで国、東京都地方行政が行えるという、まさに「臨時首都」機能があるのである。

災害対策都市としての機能が充実している立川なだけに、病院も抱負だ。先に紹介した国立病院機構災害医療センターをはじめ、立川病院、立川相互病院、立川中央病院など、総合病院が集中的に配置されている。災害医療センター、立川病院はともに戦前の軍医療機関を先祖とする「国立」の病院だ。こうした経緯から、前述の通り災害時に国と連携して活動することが宿命づけられているのだが、普段は通常の病院として機能している。

とまあ数と規模は立派なものなのだが、その評判は、というとなかなかに微妙らしい。このあたりは後ほどじっくりと調べることにしよう。

直接的に役に立ちそうな病院以外にも、立川には様々な施設が新たにやってきている。各種研究施設だ。

これまた立川駅北側エリアに集中しているのだが、国立国語研究所、国文学研究資料館、国立極地研究所、統計数理研究所、東京都農林総合研究センターなど、ぱっと名前を見るだけでは何をしているところなのか一般人には分かりづらいのだが……。まあ、一般市民には（少なくとも表面的には）あまり関係がないにしても、なんだか急に立川が格好良くなった感じがしていいじゃない！

国や都の施設は立派だが……

さて、国や都の機能移転にばかり目が向いてしまうが、市政はどうなっているのだろうか。

……これがどーも評判が悪い。なんといっても立川駅や、他の行政施設の最寄りとなっている多摩モノレール高松駅から遠いのだ。他の施設が「高松駅から7分」と公称しているのに対し、なぜか市役所だけは「10分」。というか、市民に最も近い施設なのだから、普段は勤務者しかいかないような研究所などよりも遠いというのはいかがなものか。

また、建物も「無駄に大きい」という印象を持つ人も多いようだ。2010年5月に完成したこの建物は、地上3階、地下1階という低層、大平面建築。周囲は10階建てクラスの官庁街であることもあり、もうちょっとコンパクトに上に伸ばした方がよかったのでは、などと思ってしまう。

　などと文句が多い市役所ではあるが、実は立川駅前の派出所（2016年10月より立川タクロス1階にリニューアルオープン）が非常に充実していて、ほとんどの手続きはそちらでOK（なんと土・日も開いている）。しかし、この存在が案外知られていないという情報もあり、そうすると、やっぱり多くの立川市民はえっちらおっちら「ひと駅だけモノレール乗るってのもちょっとな……」などと言いながら、官庁街の最果てにある市役所を目指しているのだろうか。むしろ派出所をそんなにしっかり作るくらいなら、市民サービス部門だけでも最初から駅前に作れなかったのかとも言いたくなるのが人情というものだろう。

　駅前の商業施設の再開発と合わせて、臨時の首都にもなれるスーパータウンとなった立川だが、地元に対してはちょっと抜けているようにも見える。

立川駅前からとにかく遠い立川市役所。公共アクセスは市バスがメインだが、若葉町方面の住民は一度立川駅に出るしかない

災害が起きた際は通信ネットワークの遮断が一番の問題。立川広域防災基地では通信衛星を介して中央の内閣府と密な連携が可能だ。場合によってはここが対策本部となる

【住宅】北のだだっ広い宅地と流入民が住む駅近住宅

北部とそれ以外で大きく違う住宅傾向

長期に渡る再開発のおかげもあってか、立川の人口は増加傾向にある。では、立川市民が住んでいる住宅地とはどのようなものなのだろうか。

多摩モノレールは立川市の中心近くを南北に走る路線だ。これに乗って景色を眺めると、立川市の住宅事情はＪＲ立川駅を中心とした南部地域と、西武拝島線に近い北部地域では大きく傾向が変わることが分かる。

まず、開発の主役となっている立川駅周辺地域だが、ここは20〜30代の独身サラリーマンが数多く住むアパート、マンションが多い地域だ。これらは比較的新しいものが多く、まさしく再開発によって生まれた住宅地ということができるだろう。なかでもＪＲ南武線西国立に近いエリアは単身世帯が多く、このあたりには高齢層が非常に少ない地域となっている。

とはいえこのエリアも完全なアパート地域ということでもなく、大部分は高齢者が住む借家などが混在している。再開発によって元々あった小規模な借家エリアが、新しいアパート・マンションエリアに変貌しつつあるというのが正確な表現に近いといえよう。

これに対して、柴崎町は以前の姿を濃厚に残しているエリアだといえる。基本的には低層住宅ばかりで高齢層の比率が高い。比較的小さめの一戸建てが多く、集合住宅も、昔ながらのアパートが数多く見られる地域となっている。ここからさらに西の富士見町エリアに入ると、公営のアパートなどが増え、高齢層ばかりが住むアパート地帯がある。

昭和公園近辺は立川の勝ち組地域？

昭和記念公園と、その東側にある官庁街エリアには当然のごとくほとんど人は住んでいない（公園も管理が厳しく住み着いているホームレスもほとんど見られない）。が、それ以外のこの立川駅北西部には、年齢が若めのファミリー世帯が多い地域となっている。立派な家、豪邸といった一戸建てこそあまり見られないが、新しいマンションやそこそこの規模のファミリー向け一戸建てが比較的多く、なかなか「新しめの街」という風情もある。

もちろんこの地域にも古くからの農家の名残や、植木を育てている樹木園的な場所、畑などがまだまだ多く残っているため緑が多く、「環境のよい地域」という印象がある。まさに開発中のニュータウンという感じだ。

この地域は大通り沿いには新しいマンション、路地を入ると新しい小規模住宅と古い家の混在といった構成だが、休眠地対策の典型とも言える駐車場がそここに見られ、これらが徐々に住宅や低層マンションに変わっていくのであろう（たぶんね）。バブル期の23区内住宅地でも、元々あった100〜200坪規模の区画が切り売りされ小規模な一戸建てが増えた時期があったが、土地の売買交渉中だったり施工待ちだったりで至る所に空き地があった。立川のこの地域も、今はまさにそんな状態なのであろう。

旧立川が残る北部地域

西武拝島線に近い北部エリアは、これまで見てきた駅周辺や南部エリアとは「人種」がかなり違ってくる。このあたりでは、元々立川市に住んでいた住民の比率が南部にくらべ非常に高く、地元の建築業、製造業に従事しているファミリー層の住む一戸建てが主流となり、ぐっと地元色が強い。

特に武蔵砂川、西武立川駅周辺はいわゆる郊外型の一戸建て住居が増え、子供が乳幼児から小学生くらいという家庭が集中している。このエリアの人々は、元々の住民、新たに流入してきた人を問わず地元立川で働いている人が多いので、立川駅周辺住民のように誰も彼もが都心部で働くスーツ地帯とは住民のファッションも多少違って見える。

これが玉川上水駅近辺になると、急に高齢層が増えるのがおもしろい。このエリアは一戸建てとアパート・マンションが混在しており、建物も新しいものと古いものがごちゃまぜになっている。畑などもそこここに見られるので、まだまだ昔の風情を残しているといえるだろう。昔の農家風の巨大な家もまだまだ数多く残っている。

そもそも現在の立川エリアは、古くは多摩川、新しくは江戸時代に作られた玉川上水の水に頼った農業地帯だ。南部ではかなり少なくなってしまったが、このあたりは純然とした「農村」としての機能もかなり残している。こうした機能が残っているということは、当然、江戸時代から続くような「多摩天領民」が数多く住んでいるということである。

ただ、このエリア全般がそうした雰囲気ということではない。多摩モノレールの西側には畑の合間合間に団地があったりアパートがあったりするため、この地域に住んでいる住民は立川駅から電車に乗って都心へ向かう層も多い。さすがに再開発中の街だけあって、ブロックごとにかなり街の様相が変化するのはなかなかおもしろい。

セレブ地域は駅前と市外？

さて、新しくなったＪＲ立川駅を歩いていると、なかなかお金を持っていそうな女性を見かけるようになっている。これは、再開発によって立川市内にもセレブ地域ができつつあるのだろうか。

結論からいうと、答えはノーだ。確かに、立川駅周辺には新築の高層マンションも増え、なかなかの価格で売られているところもある。しかし、全体として高所得層が集中的に住んでいる地域は立川市内にはみられない。あくまでも「ポツポツある高級マンションの住民もいまっせ」というのが実情に近いだろう。

これがお隣の国立市に一歩足を踏み入れると様相ががらりと変わるのだからおもしろい。国立駅から南の一帯は中規模の一戸建てが多く、過去に大企業でそこそこ稼いでいた人々がここに土地を買い、そのまま住み続けているような、いわゆる「高学歴ファミリー」がたくさんいる。こうした「高級」なイメージは今も残っており、単身、夫婦、ファミリーなどの世帯が混在するこの地域は、立川の雑然とした雰囲気とは一線を画している。立川駅に現れるお上品な人々のなかには、このあたりからの「出張組」も含まれていることであろう。

こうして見てきたように、立川市は全体的には畑、一戸建て、集合住宅が混在している地域だが、ブロックごとに住民プロフィールも含めてそれなりの違いがある。大きく分けると南北の違いが大きいといったところか。

しかし、立川の街は現在「再開発中」だ。今も新築の一戸建て、マンションは増え続けている。現在はまだまだ様々な住宅、様々な人々が住んでいるが、今後数年で、全体的に「都心のサラリーマンファミリー」な街に変貌する可能性も大いにあり得る。

現在の立川は、あくまで変化の途上の姿を見せているに過ぎないのである。

※　※　※

新築マンションや住宅に30代のサラリーマンファミリーが増えているのは確かだが、彼らは決して新住民というわけでない。こうしたマンションや一軒家を購入しているのは、もともと立川に住んでいた旧住民というケースが多い。そもそも立川は土地代も賃料も高い。アクセスが悪い北部の砂川エリアは比較的安めだが、こちら都心で働くサラリーマンにとってはムダに通勤時間が長くなるので、新住民はあまりやってこない。同地域の新築一軒家には「内見可能!」という看板が1年以上も立っていることも……。

こちらのマンション群は都営上砂町一丁目アパート。立川市には新・旧様々な集合住宅が建設されている。ただし、近隣に多摩ニュータウンがあるからか、それほど大きな団地群は見当たらない

砂川の新興住宅地。建売住宅だろうか、ビミョーに異なったデザインの住宅がズラリと並ぶ。立川市は格安エリアではないが、都内に勤めるリーマンが東京一戸建ての夢をかなえる最後の砦だろう

【犯罪】多摩随一の娯楽地帯のせいで治安最悪の印象

公営ギャンブルが治安悪化の原因？

再開発によって爆発的に「キレイな街」に変貌しつつある立川市。しかし、そのイメージは相変わらずあまりよろしくない。

例を挙げてみよう。立川出身の著名人は数多いが、最近では、ゲッツ板谷（板谷宏一）氏。彼の代表作となっている自伝的小説『ワルボロ』は映画化もされているのだが、これが30年ほど前の立川のヤンキーストーリー。当時は日本全国どこも似たような感じであったので、特に「立川は不良の巣窟」ということもないのだが（もっとすごいところはたくさんある）、やはり「立川が荒れている」というイメージを裏付けるひとつの証拠となっている。

しかしだ。駅前民間交番の設置がニュースになるなど、「今も立川は大荒れ」というイメージは強いけど、立川警察署管内の犯罪認知件数などを調べてみても、それほど多くの犯罪がここ立川市で起こっている訳でもない（少なくもないが）。このレベルであれば、繁華街を抱える地域としては普通のレベル。やはり立川市は「イメージ損」をしているのではないか。「イメージ損」要因のひとつは公営ギャンブル場。立川のギャンブルといえば市営の競輪場で、ここは日本の競輪場のなかでも非常に「格の高い」場所として有名だ。競輪のなかでも最高位の大会となる「ＫＥＩＲＩＮグランプリ」は、ここ立川、調布の京王閣競輪場、神奈川県平塚の平塚競輪場の３つの競輪場で開かれる。つまり、グランプリともなれば全国各地から立川に競輪ファンが押し寄せるというわけだ。

ご存じのように、競輪と言えば競馬、競輪、オートレース、競艇の４大公営ギャンブルのなかでも、最も「濃い」種目。競馬のようにチャラチャラした若者やねーちゃんが多数入り込んでいるということは無く、そのファンの大多数を経験豊富な脂分の高いおっちゃんが占める。これは少なくとも見た目の面では、確かにイメージダウンの要因となるのも仕方が無い。

公営ギャンブルと言えば、競輪ほどではないが、公営の王様である競馬も、JRAの出張所であるWINSが駅前にある。大きな街だったらWINSなんて普通にあるものだが、立川の場合、本家競輪と合わせて、この街にギャンブルファンが集まる大きな要因となっていることは間違いない。東京のWINSといえば銀座と後楽園が代表だが、これらの街に競輪場は併設されていない。立川の「博打度」の高さがうかがえるというものだ。

パチンコ屋も濃いーぞ!

公営ギャンブルの街といえば、よりハードルの低い娯楽であるパチンコ店が数多く集まるものだ。特に競馬ファンは、馬券を買ってからレースまでの時間をパチンコで埋めつつ、レースはパチンコ店のテレビで観戦、というプレイスタイルがひとつのスタンダードだ。客が集まるとなればパチンコ店もサービスができるわけで、結果として立川は、「パチンコも盛んで遊びやすい街」となる。

昨今の規制強化で一時の勢いはなくなったが、以前の立川は確かに熱かった。すでに全国的に姿を消していた「昔のおもしろい機種」が遊べるパチンコ店が存在し、これまた「おもしろくするために」違法改造を施された機種も多数存在。事情通のパチンコマニアは遠路はるばる立川に集結し、往年の名機を満喫、という事実は確実に存在したのである。

現在はそうした「昔のおもしろい機種」は全国的に一掃され、ファンサービスのための違法改造機もかなり無くなってしまったので（ファンサービスのためじゃない違法改造機は今も問題になっているが）、以前の「パチンコタウン立川」の魅力はもうない。しかし、先にも述べたが客が多いほど「出せる」のがパチンコ店なので、そもそも客が多く入る要素の高い立川のパチンコ店は、今も他の地域に対してアドバンテージを持っているのは間違いない。

イメージは悪いけど実際のところどうよ

おきれいな街に対して、そもそも立川に集まっていた人々は、ギャンブルタウンの住民。そりゃ新しい人も集まるようになったが、その「下地」は今も生き続けている。

で、こういう「鉄火場タウン」といえば、「打つ」が来れば「飲む・買う」も当然併設。それに伴い、コワいお兄さんたちも集まって治安悪化というのがおきまりのパターンだ。これまで見てきたように、そもそも立川の街は戦前・戦後を通して軍事基地需要が大きな要素となって発展してきたので、本当のところは飲む・買う↓打つの順番に産業が入ってきたはずだが。

そんなわけで、現在は駅前テラスで覆われ「暗渠」となってしまってはいるが、そもそもの飲み屋街は依然として残っており、上部階層から下へ降りてくれば雑然として古い飲み屋、おねーちゃんのいる店などが多数残っている。

とはいえ、これまた昨今の規制強化により、店舗型の風俗は全国的に激減。ここ立川も例外では無く、いわゆる分かりやすい「風俗店」はあまり見られなくなっている。確かに見た目はあまりよろしくないし、客寄せのちょいコワお兄さんの姿もそれなりに見られるが、他の地域と比べてさほど治安の悪い地域とは思えない……とここでは言っておこう。

派手なねーちゃんはかなりいるが

さて、ギャンブル、飲み屋、風俗と「立川のイメージ悪化」の要因とされる要素を見てきたが、その他一般人はどうなのだろうか。

最初に紹介した「ワルボロ」ではないが、確かに過去、ここ立川には都内でも有名な暴走族のチームが存在し、有名な不良校（中・高ともに存在した）が駅前で抗争を繰り広げたという歴史がある。

しかし今はどうだろう。実際問題、新宿の東口方面を闊歩していそうな派手なねーちゃん、ホスト風の目つきの悪い兄ちゃんは数多く見られる。南口のテラス下にある地帯などでもこうした人々は多数おり、これがねじりはちまきのギャンブル親父と混ざって歩いている様はなかなかの「魔都」っぽさを醸し出している。とはいえ、別に軽く歩いただけでは不良同士の殴り合いなど見かけないし、都心部で勢力を増しているアフリカ系の不良などはまだ少ない。

少なくとも、表面上では、立川市の犯罪事情は、それほど悪い、というわけではなさそうだ。

立川駅周辺の浄化対策を進める立川警察署。盛り場でのパトロールを強化中だが、警察官の姿を見かける機会は少ない!?

競馬のような"シャレオツ"な雰囲気には死んでもならないたちかわ競輪。「駆けぬける感動」のさわやかなキャッチコピーとは裏腹に、客層は脂たっぷりのオヤジが多数。生粋のギャンブラー多し

【交通インフラ】鉄道は充実しているが逆に道路は弱体

四方に繋がる立川の鉄道

ＪＲ立川駅は、西東京の代表的なハブステーションだ。そのメインは東京の大動脈であるＪＲ中央本線。高尾から東京までをつらぬくこの路線のなかで、立川駅は「スーパーあずさ」などを含めた全ての列車が停まる訳ではないが新宿、八王子に匹敵する「特急クラスが停まる」駅である。これだけ見ても、中央線のなかで立川駅が重要な位置を占めていることがすぐに分かる。

また、ＪＲでいえば東京西南部から川崎市の北部をまたぐ南武線の終点でもある。おおよそ多摩川沿いに進むこの南武線は、立川（競輪）、府中（競馬）、川崎（競馬・競輪）という東京三大ギャンブルタウンをつなぐ路線として「賭博列車」との呼び声も高い。

またＪＲでは青梅線の始発駅であることも重要だ。ＪＲ中央線には青梅線への直通列車もあるにはあるが、その数は多いとは言えない。大抵の場合、青梅方面に向かう際には立川駅で中央線から青梅線へ乗り換えることになる。

青梅方向への鉄道路線は、かなりの部分をこの青梅線が独占しており、西東京の重要な路線のひとつと言える。その重要な路線の始発が、この立川駅なのである。

立川市とその周辺のインフラ網というと、北には西武線の各路線が東西に、南には京王線と小田急線という構成で、それぞれが新宿を起点として北部を西武、中央部をＪＲ（国鉄）、南部を京王・小田急というカバー分担で、これらのカバーエリアに多数作られた新興住宅地と都心部を結んでいた。出発はバラバラでも、このエリアの住民はとりあえず新宿で合流していた、という一種奇妙な構造であったのだ。

しかし、これら北部、南部の路線と立川駅は非常に離れており、長きにわたってあまり直接の交渉はなかったのだが、これらをカバーするために多摩モノレールが作られたことで、様相が一変しているというのは先に述べた通りである。

多摩モノレールは、南は京王、小田急が乗り入れる多摩センター駅（多摩市）、北は西武拝島線の玉川上水駅を越えて東大和市の上北台駅までは開通し、この後、八高線の箱根ケ崎駅までの延伸が計画されている。この路線は、もちろん西武、ＪＲ、京王、小田急各路線を南北につないだこともさることながら、これまでバス移動に頼るしか無かったエリアの新興住宅地を固定路線でつないだという意味合いも大きい。立川駅から遠い南北の住宅地エリアは、いってしまえば「バブル期に地獄のローンで購入したはいいが通勤に２時間」といった、全国各地で捨てられている「夢のマイホーム」エリアのひとつといえる場所であったが、そうした「僻地」から「多少遠い」場所へと昇格したのである。モノレール万歳だ。

西武拝島線はもうひとつの主役

さて、立川市ということで考えると、どうしても「JRしかないよね」みたいに考えがちだ。が、実は西武拝島線は北の市境に沿うように走っている、れっきとした「立川市の鉄道」である。当の立川市民でも、直接関係のない中部、南部の市民はこの事実を知らなかったりすることもあるので、ここでちょっと丁寧に説明しておこう。

西武拝島線は西武新宿線から小平駅で分かれ、拝島へ向かう路線。立川市における駅は、玉川上水駅、武蔵砂川駅、西武立川駅の3つ。玉川上水駅は立川市のぎりぎり北端に位置し、モノレールと連絡するのだが、実はモノレールの玉川上水駅は東大和市にあるという、本当にぎりぎりの場所である。駅の北部には広大な団地が広がっている。武蔵砂川駅は、典型的なほったらかし私鉄駅の風情を残す、田舎駅だ。というのは過去の話で、2006年にイオンモールむさし村山ミュー（当時はダイヤモンドシティ・ミュー）が完成したことにより、一躍郊外のお買い物タウンとしての力をつけつつある。西武立川駅も昭島市との境に近い、ぎりぎり立川な駅だ。問題はその駅名。なんといっても「西武立川」だ。思いっきりJR立川駅と接続していそうな名前のため、この方面に不慣れな人など、間違って新宿→小平→西武立川とやってきて、その駅舎のしょぼさに愕然、ということもあったらしい。この駅は駅舎がすごかった。もうぽつんとホームがあり、出入り口は南側だけという非常にテキトーな、これまた典型的な田舎駅であったのだが、２０１１年についに改装。橋上駅舎になり、ついに念願の北口が完成。駅のまわりにあるバスターミナルなども新しくなり、その姿を一変させている。まあ元々大平原の小さな駅という感じの街だったので、周辺の商業施設などはまだまだ未整備だが、いずれ……たぶん栄えることでしょう。

道路網はちょっと微妙？

エースJR立川駅を筆頭に、女房役モノレールを得て充実の一途をたどる立川市の鉄道網に対し、道路網はなかなか評価の難しい、微妙なものとなっている。

立川の道路と言えば、なんといっても長い歴史を誇る甲州街道だ。……といいたいところだが、現在の国道20号線、つまり甲州街道は立川市を走っていない。いや、元々はあったんですわ。しかし、バイパス路線の整備などにより、もう混むわ変な風に曲がるわで20号線のガンであった立川市内部分は都道256号線に格下げ。「旧街道」という誇りはあるが、現実生活に使うという意味では、結局問題の解決はされないまま放置という結果である（もちろんバイパスの完成により、かなり渋滞は緩和されたが）。結果、立川市は「一本も国道の通っていない地域」となってしまったのである。

他の街道と言えば、これも江戸期に立川付近の発展に大きく寄与した五日市街道（東京都道7号杉並あきる野線）、立川市の南北交通を担っていた立川通り（東京都道・埼玉県道16号立川所沢線）などだが、これらは基本的に2車線道路ですぐに混むという、名前の割にはなかなか厳しい道路。そう、代表的なものでこれなのだから、他は推して知るべしというものだ。

新しい20号線とほぼ平行する中央自動車道は南の日野市を走っているため、

に情事路道のめぼょしられこ、がだのいなく悪はには的離距はスセクアのへ速高

「変大がのくいに速高らかむ混が八環」。るいてっなにのもいし厳かななかな、りよ
などといっている杉並区民は立川市民に謝ってもらいたい。全然マシだよ！

こうなると、当然バス路線はかなり辛いものになる。道路が混むからダイヤは乱れるし、ラッシュのきつさもかなりのものとなる。特にJR立川駅へ向かうことが重要なだけに、南北路線の整備の必要性は昔から叫ばれていた。

そこで再開発だ。立川駅西側に広がる官庁街を貫く道路など、これまで立川市の大きな弱点であった南北路線の整備が急がれている。が、道路整備ってやつぁ時間がかかる。今完成しているのはほんの一部分だけなのだ。立川市の交通事情、根本解決はかなり遠そうだと思われる。

※　※　※

立川の道路は依然として慢性的な渋滞に喘いでいる。深夜になると至る所で道路拡張工事などが行われているのに、どうもその効果は見られず、とくに立川通りの渋滞が解決するまでには相当な時間がかかるだろう。またもっともバス渋滞を引き起こしやすい高松町付近は、商店街が元気なため、路肩に荷だし

のトラックが路駐することが多く、そのたびにバスが道を譲り合わなくてはならない。そのため夕方など交通量が増える時間帯は、数百メートルを抜けるだけで10～20分かかることもある。

　一方、ららぽーと立川立飛やＩＫＥＡといった大型店舗が並ぶ芋窪街道（都道43号線）では、オープン前に懸念されていた深刻な渋滞は起きていない。ららぽーとなどがモノレールでの利用を推奨したことが一定の効果をもたらしことも大きいかもしれないが、そもそも芋窪街道を通るバスの本数は立川通りとは比べ物にならないほど少ないので、渋滞を避けられているとも考えられる。

というわけで道路幅の広い芋窪街道をバスの主要路線にすればいいと思うが、小平や東大和へも接続する西武バスはどうしても立川通りを利用するしかない。まあ渋滞の解消はしばらく無理だろうなあ。

2015年度に乗降客数が16万人を超え、多摩地区最大のターミナル駅に君臨。中央線の混雑度は立川からひどくなる

立川駅北口のバス乗り場。路線バスの数は多いが道路網が鉄道に比べて悪いのが立川市の悩みどころ。市内を通る国道はなく、大通りへ向かうまでヒジョーに面倒なドライバーに優しくない街

【災害】広域防災基地としての立川の役割って？

施設は充実何でもある！

先に紹介したとおり、立川市は「災害対策都市」である。機能移転などによって誕生した官庁街は、災害により都心部が壊滅した場合に備え、比較的強固な武蔵野台地にある立川を予備の行政中枢として機能させることを考慮して作られている。

立川の立川広域防災基地には、内閣府、国土交通省、自衛隊、海上保安庁などの施設が集約されており、ここを指揮本部として日本全体の災害対策を一時的に実行できるようになっているのだが、要は緊急時の予備なので、あまり長期間の活動には耐えられないらしい。その他にも色々と問題がないわけではないというのだが……。これについてはあとでじっくり触れることにしよう。

さて、立川市になぜこのような「防災都市」が建築されたのだろうか。その答えは地盤にある。

２０１１年3月に発生した東日本大震災。主な被災地としては東北地方から関東の太平洋側が挙げられるが、ここ東京都もかなりの影響を被った。もっとも大きなものは交通網の麻痺や沿岸部の液状化現象だが、案外報道されていないものとして、「建物の小規模損壊」も忘れてはならない。

建物の小規模損壊は、地震の揺れにより壁がはがれたり天井が一部損害をうけたりというものだが、他にも揺れによって窓枠やトビラがゆがんで開閉ができなくなったなど、地味だがその建物の利用者にとっては影響が大きい。

こうした被害は、やはり埋立地である山手線圏内から臨海部に多く、東京都北部や中野区以西などでは（建物がボロかったから当然壊れるなどを除き）少ないとされている。つまり、立川を含む「武蔵野台地」地域は地震に強いことが今回も証明されたのである。そもそも東京西部が住宅地として開発されたきっかけが関東大震災で「都心部は危ない」ということが明確になったこと。当然と言えば当然である。この武蔵野台地地帯でも、都心からほどよく距離が離れていて、再開発に耐えうる空き地が多かった立川は、まさに防災都市として適任だったわけだ。

また、東日本大震災で最大の被害を生んでしまった津波に関しても、同じことが言える。震災後、そこここで発表された「東京に津波がきたら」シミュレーションでも、山手線圏内までは深刻な被害を受ける一方、山手線北部から中野以西の西部は被害が少ないとされている。

ただ、震災時東北では「津波が川を遡上してくる」という現象が数多く見られたため、荒川に近い東京都北部や細かい河川がそこら中にある中野、練馬、杉並、世田谷（世田谷区は多摩川もある）は、都心部ほどではないが、やはり大きな被害を受ける可能性はある。それに引き替え立川市は津波の影響を受ける可能性はかなり低いだろう。超弩級の津波が東京を襲ったとしても、これだけ建物だらけの東京だ。エネルギーは抵抗を受ければ弱まる。さすがに東京湾から立川市までの間に横たわるすべての建物をなぎ倒し、まだ立川を襲う力を残す津波などそうそう起こるものではない。というかそのレベルの津波が起こるような地震が起きるとすれば、まさに日本沈没レベル。もう防災とか言うレベルでは無く、ほとんど全滅なので対策などしなくてもいい状態になってしまう。「対策」をとることが可能なレベルの災害であれば、立川はまことに都合の良い立地要件なのだ。

人助けはよいけれど立川自身の防災は？

このように、東京全体、もしくは関東圏などで考えた場合、立川市は非常に災害に強い立地である。

が、とはいっても、いざ大震災でも起きようものなら、立川といえどもなんらかの被害はこうむるだろう。やはり災害対策は重要だ。

地震といえば、直接的な揺れや津波が対処可能なレベルだとしても、大きな損害が出る可能性の高い災害がある。火事である。

関東大震災における死傷者発生の最大要因は火事だった。木造の建物が倒壊→ちょうど昼食時だったため火をおこしていて延焼→大火災という流れである。

江戸時代から東京の街はたびたび大火災に見舞われ、大きな被害を出してきたが、人口密集による火よけ地の確保の難しさなど、対策を幾重にとっても火事を防ぐのは困難なのである。

しかし、この面でも立川市は有利だ。なんといっても、現在再開発が進んだとはいえまだまだ旧米軍敷地など、広大な空き地があちこちに残っている。駅周辺はそろそろ密集化が進んできたが、多くが災害に強い新築の建物であり、駅のすぐそこに巨大な昭和記念公園があるので避難場所は完璧だ。

北部、南部の住宅地帯も同様だ。これらの地域には大きな駐車場や畑が数多く存在する。ブロック単位では火事による大きな被害を出す可能性は大いにあるが、立川市全体が火の海、というのはそうそう起こるものではないだろう。

このように、立川市はあらゆる面で災害に強いはず……だが？

立川北口開発プロジェクトで2016年12月に移転してきた立川相互病院。おなじ区画にオタクショップの壽屋本店もオープンした

災害医療センターは、屋上のヘリポート、優れた耐震性など救急病院として充実の体制をほこる。一般の病院としても機能しているが、診察には診療所からの紹介状が必要

立川市コラム 1

昭和記念公園とその左右

立川市と昭島市にまたがる昭和記念公園。米軍基地が1977年に全面返還され、1983年に昭和天皇在位50周年記念事業のひとつとして開園した公園である。当時は70ヘクタールの広さで、それから徐々に敷地を拡大。今では165ヘクタールにまで大きくなったが、計画では180ヘクタールにまでなるという。これ以上大きくしなくてもいいんじゃない？　とも思えてくるが、そうしなくちゃいけない理由でもあるのか⁉（都市伝説もあるし……）

東京ディズニーランドの約3倍もある園内は、見渡す限りの「原っぱ」である。ここは多摩地域のチビッ子たちの遠足場所にもなっているから、どこを歩いても幼稚園児の大集団に遭遇する。他にも、夏はレインボープールに花火大会（2011年は中止）、近年では、秋になると箱根駅伝の予選会が行われたりと、とにかく賑やかなのだ。

　さて、ここがかつて米軍基地だったことは触れたが、基地は3分割されて、東側が陸上自衛隊の立川駐屯地に、中央部が昭和記念公園になった。で、西側の国有留保地は、しばらくは手つかずの状態だったのだが、最近になってある開発の話が浮上したのだ。とはいっても、公園を拡大するという話ではなく、西側エリアを管轄する昭島市が、ここに「国際法務総合センター（仮称）」なるものを誘致・建設するといっているのだ。名前だけ聞くと何の施設か分からないが、実はこれ、八王子医療刑務所、関東医療少年院、八王子少年鑑別所、東京婦人補導院などが一堂に集まる、早い話が巨大な刑務所。この話は、立川市長も「寝耳に水」というほど突然の話だっ

たようで、建設地は昭島市とはいえ、この場所は、東京都・立川市・昭島市の3者で土地利用計画案を作成しようとしていた場所でもあり、立川市も他人事ではない。

余談だが、移転してくる施設を見ると、八王子市にある施設が多い（東京婦人補導院も）。特に八王子医療刑務所が移転すると、八王子駅から徒歩10分の場所にある5ヘクタールもの土地が民活利用されるんだとか。なので八王子市民からすればいい話だが、昭島の地元民はこれに納得がいかないらしい。ただし、昭島市の商工会や商店会は活性化につながるとして賛成している。まあ、結局は地元民が押し切られるんだろうなあ。

それにしてもチビッ子が楽しく遊ぶ施設の両側に、さまざまな事情を抱える施設が並ぶとは。まあ一見物騒だが、囚人がたとえ大脱走に及んでも、自衛隊がなんとかしてくれるんだろうけど（さすがにこれは、ないだろうが）。

第2章
人口が少ないのに人が多い立川

そもそもは軍都として発展した立川

発展の契機は飛行場の設置

縄文時代にはすでに人が住んでいたとか、室町時代に「立河原の戦い」が起きたとか、江戸時代に玉川上水ができて、田んぼの開発が進んだとか、いろいろと歴史はある立川だが、どれも歴史上の出来事としては地味なことこの上ない。実際、明治ぐらいまでは単なる農村に過ぎず、1889年には中央線（当時は甲武鉄道）が開通して立川駅ができたものの、駅舎自体は非常に貧相で、さびしい風情だったという。

そんな僻地でしかなかった立川が、歴史の表舞台に現れ、その名前が世間に認知されるようになったのは、1922年に立川飛行場が設置されてからである。今でこそ立川は、鉄道の要衝として数々の大型商業施設が建ち並び、娯楽スポットも多く、「多摩の中核都市」とも呼ばれるまでの発展を遂げている（しかも現在進行中！）。そうした繁栄の礎となったのが、この立川飛行場なのである。

立川飛行場ができて以後、立川は、一農村から国の「軍事拠点」に生まれ変わった。人口は急増し、飛行場のできた翌年には町制も施行された。その飛行場には、陸軍飛行第５連隊が駐屯。昭和初期になると、所沢から陸軍航空本部技術部が移転。さらに軍需工場も次々に建設されるなど、軍都としての基盤を整えていった。

立川が航空基地となった理由は、飛行場を造るための広い土地があり、かつ鉄道が複数（中央線、南武線）通っているために輸送の便が良かったという点が挙げられる。戦時中には、国が民営の南武線（南武鉄道）を強制的に買収して、軍事物資の運搬路線として使ったりもしたのだ。だが、戦争終盤には、そうした軍都があるがゆえに、立川は米軍の激しい空襲にさらされてしまう。

そうして迎えた終戦。ところが軍都・立川は、あいかわらず軍都のままであった。米軍が飛行場のある立川を「極東の軍事基地」として接収、空軍をここに駐留させたからである。以後、立川基地が日本に返還されるまでの32年間、立川はそのまま軍都として生き続けることになった。

軍事基地があったから街がゴチャゴチャに

複数の鉄道が通っていたこと（輸送の利便性）が、立川に軍事拠点が作られた理由のひとつである。つまり、元々交通の便は良く、おそらく軍事飛行場が造られなかったとしても、立川は大きく発展していったことは想像に難くない。しかし、よりドラスティックに町の発展に寄与したのは、間違いなく「軍」だ。まず、大正期に立川飛行場ができたことにより、その周囲には軍人や工員の慰安施設として映画館が作られ、繁華街が形成されていった。軍があることで、農村が町へと変貌していったのだ。戦後になると、その周辺には米軍の慰安所として赤線地帯が開設され、米兵が町を闊歩するようになった（赤線地帯は戦前に三業地だった錦町、羽衣町の2カ所にも作られている）。軍があることによって生まれた色街の伝統は、現在にもしっかりと受け継がれ、ＪＲ立川駅の南北は多摩地区最大級のナイト・スポットになっている。

また、米軍基地が１９７７年に日本に返還されると、大規模な再開発事業が一気にスタートする。米軍跡地に残った大きな空き地には、昭和記念公園を筆頭に、商業施設、学校、官公庁施設が設けられた。立川駅も当時の国鉄の手により、整備・改装され、ターミナル駅としての機能を備えていった。こうした急激かつ大規模な発展は、軍都という下地があったからこそ成し得たものだ。

だが、軍の名残を開発によって消しつつ、その一方では名残をそのまま残しているのが立川。それによって、様々なギャップを内包し、ゴチャゴチャになったが、そんな立川の姿を地元民は素直に受け入れている。そりゃあ、こんなカオスな街、住んでいたら刺激的で面白いだろうって！

立川市の歴史年表（1920年代～）

1922年	立川村に立川飛行場が設置される
1923年	町制施行により立川村から立川町になる
1925年	立川女学校開校へ 立川最初の映画館「立川キネマ」開館
1927年	立川飛行場にソ連親善機が飛来
1928年	立川飛行場が国際空港となる 陸軍航空本部技術部が設置される
1929年	中央線が立川まで電化される。南武鉄道が開通
1930年	五日市鉄道が立川まで開通する
1940年	市制施行により立川町から立川市になる
1945年	太平洋戦争が終わり、米軍が進駐する 米軍により立川飛行場は接収され立川基地になる
1950年	朝鮮戦争勃発により立川基地が出撃拠点となる
1954年	町制施行により砂川村が砂川町になる
1955年	立川基地の拡張計画が発表され、砂川闘争が始まる
1963年	砂川町が立川市に編入される
1964年	奥多摩バイパスが開通する
1965年	ベトナム戦勃発により立川基地が出撃拠点となる
1968年	西武拝島線の玉川上水駅～拝島駅間が開通する
1969年	立川基地拡張計画が中止となる
1972年	自衛隊先遣隊が米軍立川基地に移駐する
1973年	立川市長による自衛隊員住民登録拒否事件が起こる
1977年	立川基地が日本に返還される
1983年	国営昭和記念公園が開園（一部）
2000年	多摩モノレールが全面開通する
2009年	東京地方裁判所、家庭裁判所、法務総合庁舎、立川拘置所などが開庁する
2010年	市役所の新庁舎が完成して移転
2012年	旧庁舎跡地に立川市子ども未来センターがオープン
2014年	第一小学校など複合施設が落成
2016年	たちかわ競輪場がリニューアルオープン

※立川市ホームページ、たちかわ市市民便利帳など複数の資料から作成

立川駐屯地にある飛行場は内閣府や警視庁、東京消防庁、海上保安庁など４つの団体が利用。まさしく東京における防災の要衝だ

大規模開発が進む立川は攻めの一辺倒!?

パッケージを良くしているだけでしょ

立川には米軍が駐留していたので、軍人のための娯楽スポットや大型百貨店が作られるなど、商業面の発展は遂げていたが、さらに飛躍するきっかけとなったのが1977年の基地返還である。これを契機に大規模な再開発が始まったのは前項でも書いた。

平成に入ると、その再開発事業はさらにスケールアップする。高島屋や伊勢丹の駅前移転をはじめとして、JR立川駅の北側には、オフィスビルやファッションビルが乱立。南口にも大型の商業ビルが建設された。こうした開発の背景には、多摩モノレールという新たに生まれた導線の存在がある。モノレールによって、それまで立川とは疎遠だった多摩圏の人間を、ごっそり立川に呼び込もうとしたのだ（八王子市街地方面は別だけど）。それらの人々が、たんまりと立川にお金を落としてくれるように、より魅力的でパワフルな商業都市を作り上げる必要があったのである。

しかし、だ。相次ぐ開発といっても、ツギハギ感は否めないし、場当たり的ではある。立川はしばらく訪れずにいると、再び訪れたとき、まったく違う街になっている、という声をよく聞く（主にＪＲ立川駅周辺）。度重なる再開発によって風景がすぐ変わってしまうからだ。

見方を変えれば、いつ行っても新鮮で面白いといえるが、住民にとって「変わり続ける街」というのは、面白いだろうが、愛着は湧きづらいだろう。

いびつに発展する立川人は集まるんだけどね

昔のディープな立川の姿は、ペデストリアンデッキから見る風景からはうかがいしれない。しかし、そこはある意味、再開発によって誕生した立川の「天上界」であり、下界を覗けば、そこにはデンジャラス地帯が広がる。これぞ、先述したところの「SFの階層都市」の姿だが、将来的にJR立川駅周辺をすべてキレイに改造したいのなら、こうしたやり方は決して褒められたものではない。立ち退きさせるのが面倒だからと、汚いものにフタをするような開発をして街を発展させていくと、以後はそうする以外の手をギョーセイがなかなか打てなくなるのだ。

駅周辺が大規模に開発され、見た目だけでもよくなれば、その土地価格は当然高騰する。すると今度は立ち退きにかかる金が莫大なものになってしまう。もちろん、土地価格の高騰は、地権者に固定資産税の上昇というデメリットを引き起こすので、個人宅なら換地に応じる可能性もある。しかし、駅周辺は商業店がメインであり、税金は多少高くても、客が集まる一等地から離れるメリットはない。つまり、こうした開発を続けていくと、立川はより混沌とし、どんどんいびつになっていくのは目に見えている。こうした立川の再開発は「攻め」というより、どちらかといえば「妥協」といったほうがいいかもしれない。まあ、個人的には無理やり浄化するより、今のままでもいいと思うけど。

とはいえ、初めて立川に来た人に、北口のペディストリアンデッキからの近未来的景色は感嘆をもたらすだろう（駅から見えるモノレールに、田舎から来た人は驚くこと間違いなし！）。

とりあえず「かたち」から入ることで、より大勢の人を呼べる街にはなったけどね。

※　※　※

実は立川駅再開発について地元民は賛否両論だ。たとえば第一デパートの再開発で生まれた立川タクロスにはヤマダ電機だけでなく、オシャレなカフェや飲食店なども併設され、さらに広場も設けられているのだが、お世辞にもにぎわっているとはいえない。逆に開発のせいで、「駅周辺に昔ながらの渋い店が少なくなってしまった」と嘆く地元民は少なくないのだ。そもそも生粋の立川のおっさんは電化製品なんて興味がない。ましてやビールの飲めないオシャレカフェなんて、まったく用がない。ハイソな奥さまたちだって伊勢丹とタカシマヤで買い物した後、タクロスは素通りしてしまう有り様……。

一方の南口ではペデストリアンデッキ完成に伴って、最後の牙城だった「ラー

立川の発展の歴史と共に歩んだ第一デパートは、惜しまれながら2012年5月に閉店。その跡地には立川タクロスが建設された

メン屋・立川や」がついに土地を明け渡してしまった。今も場所を変えて営業しているのだが、場末のギャンブラーが立ち寄りそうな狭い店内から、ジャズが流れるオシャレラーメン屋に変貌してしまった。

見る人が見れば風情があるはげまくったテレクラの看板なども撤去され、立川駅周辺は近未来的な景観を実現しつつある。そんな劇的な変化に取り残された地元のオッチャンは、今日も今日とてセンベロ酒場で一杯引っ掛けている。

JR立川駅周辺の開発の歩み

1966年	立川駅南口土地区画整理事業が事業認可を受ける
1976年	国の「第三次首都圏基本計画」において核都市に位置づけられる
1982年	東京都が多摩都心立川計画を発表し、立川市が立川市都市基盤整備基本計画を作成 立川駅舎、WILL（ルミネ）、立川南北自由通路が完成
1984年	立川駅北口・跡地地区の都市基盤実施計画を発表
1990年	立川駅北口駅前土地区画整理事業が事業認可を受ける
1994年	ファーレ立川オープン。高島屋がファーレ立川内に移転 東京初のシネコン「シネマシティ」がオープン
1998年	多摩モノレール立川北駅下デッキ使用開始
1999年	グランデュオ立川がオープン
2001年	立川駅北口の再開発ビルに伊勢丹が増床移転 ビックカメラ立川店オープン
2003年	都市軸（愛称：サンサンロード）が開通
2005年	立川駅南口・北口駅前歩行者専用デッキが開通 アレアレアがオープン
2007年	立川モディ、エキュート立川が開業。新改札が設置される
2008年	エキュート立川が増床開業。ホテルメッツ開業
2014年	立川駅南口土地区画整理事業が完了
2016年	立川駅北口西地区第一種市街地再開発事業が完了。 立川駅周辺の指定喫煙場所を廃止

※立川市ホームページ、立川都市計画事業（概要版）など複数の資料より作成

1947年に開店した伊勢丹・立川店。移転を繰り返し現在は４万平方メートルの売り場面積をもつ

かつては７階に立川中華街を構えていたグランデュオ。今はフツーのレストラン街となった

立川市とその周辺ってどんな人が住んでる？

立川が属す「ド多摩」の多摩人の気質とは？

多摩地域で生まれ育った人たちのことを「多摩っ子」と呼んだりする。こんなことをいうと、多摩市民からは「うちこそが正真正銘の多摩っ子だ！」と怒られそうだが、多摩地域で生まれ、その水で育てば、どこであれ多摩っ子だ。

では、その多摩っ子が住む多摩地域はどこからどこまでなのか？

行政区分上では、東京の23区以外の島嶼部を除いた市町村部が「多摩」である（でも歴史的に見れば中野区や杉並区も多摩なんだけど）。まあ、街に「たましん」がある地域を多摩と呼ぶ気がしないでもないが、たとえば武蔵野や三鷹が多摩といわれても、イメージ的に多摩度は薄いし、町田もそうだといわれても、こっちは「神奈川の仲間」のような気がする。

おそらく、一般的に（というか多摩人が）多摩を差す場合、そのラインは「西東京市、小金井市、府中市から西」となるのではないか？

そしてそのなかでも立川から西が、生粋の多摩人が住む「ド多摩」エリアではないだろうか。

そんな「ド多摩」に住む生粋の多摩人の気質は、基本的に荒いといわれる。また、その一方ではのんびりしているともいわれ、さらに、「かっこつけたがる」「人をすぐ信用する」「人情に厚い」「粘り強く根性がある」という評もある。これらの気質は、都会的というより田舎的で、同じ東京でも、区部とは一線を画している。だが、これらはあくまでも基本ベースであって、各地域ごとに、そのキャラもビミョーに変わってくる。では立川とその隣接する自治体の住民はどんな人種なのか？

立川民は個性派の楽天家　周辺の住民は八種八様

まずはド多摩の立川だが、土着の立川民は多摩気質そのままで気性が荒い。だが、庶民的で気さく、楽天的、開放的、そして個性（アク）が強いともいわれる。こうした性格は、米軍との共存の歴史が育んだようにも思える。だが、立川市には、立川民の他に砂川民という人種もいる。1963年に立川市に編入された砂川町ゆかりの住民だが、こちらは頑固でプライドが高く、仲間意識が強いという。それより何より立川民に強い対抗意識を持っているのだが、この両者の関係は後ほど説明する。

続いて、ド多摩ではない東の国立。この文教都市を自負する西武タウンの住民は、リベラルな気風を持っており、革新的で自己主張が強い。国立ブランドが確立された現在、元々この一帯の名称「谷保」と呼ばれたくないと思っている住民も少なくない。まあ、プライドが高いのだ。同じく東の国分寺の場合、多くの住民は中央線沿線（中野・高円寺・吉祥寺など）の延長線にある街として解釈しており、多摩意識は低い。土着の旧住民こそ多摩意識は持っているが、連携したいのは立川より府中。だが、国分寺民は府中ほど住民気質は荒くない。その国分寺の仲間には小平もあるが、小平には頑固で保守気質な住民が多く、このあたりは国分寺の土着民と近しい。

一方、ド多摩の東大和と昭島には、自分の街への愛着とこだわりが強い住民が多いといわれている。逆に武蔵村山には、「東村山と区別されない」ことの他に、東京なのに超田舎だという格下意識があって、地元に胸を張れない市民も相当数いるという。このあたり、「かっこつけたい」という多摩人気質が顔を覗かせている。

福生は米軍が今もそのままあり、アメリカンな雰囲気が色濃い。こうした文化に触れている住民は、立川民同様に開放的であり、若者も思わずヤンチャな道に進んじゃった、なんてケースも少なくない。実際、立川の周辺でもっともヤンキー率が高いのはここ。

最後に日野。日野は立川周辺では、もっとも住民がのんびりとしている土地柄。元々自己主張が強くなく、隣接自治体のカラーに住民が染まりやすいという特徴を持っている。それゆえ存在感も薄い。

立川市住民と周辺自治体住民のキャラクター

立川市	非常に庶民的、あるいは個性的。駅周辺（南口、北口一部）がゴミゴミしているので、住民は下品と思われることも。
	立川の市民という意識が強い（特に砂川）。
国立市	なんでもしゃしゃり出て発言する住民が多い。
	貧富の差が激しく、意外に貧乏人が多い。
日野市	新しいことに積極的に取り組む、新しモノ好き。
	東西南北各地区で日野市民の自覚があまりない。
昭島市	街自体は地味なものの住民の主張が強い。
	昭和記念公園は立川だといわれると憤慨する。
福生市	若者がヤンチャでヤンキー多数。
	八王子があまり好きではない。
武蔵村山市	田舎でほのぼのしてそうだが見栄っ張りなところも。
	胸を張って武蔵村山市民と名乗れない住民がいる。
東大和市	住みやすい町として地元へのこだわりが強い。
	町に愛着を持っている。旧住民は新住民が嫌い。
小平市	元が田舎なので地主が強い。頑固で保守的。
	住民は立川よりも国立か国分寺に愛着がある。
国分寺市	移住者は多摩の意識をあまり持っていない。
	旧住民の農家は穏やかだが頑固な面も。

※独自調査

交通要地でオフィスが集積でも企業立地までは……

交通の便はいいけど土地が高過ぎる！

立川には多くのサラリーマンが流れ込んでくる。都心方面に向かうために、立川で乗り換えをするから、というわけではない。もちろん立川で働くためである。とはいえ、その他にも、近郊都市のサラリーマンが立川の盛り場に飲みに来る、ちょっと火遊びに来る、なんていう、流入ならぬ「ちん入」パターンもあるけどね。

立川になぜオフィスが多いかといえば、ここが産業の拠点になるように、国によって計画されたからでもある。1988年に、国が東京の都心部への様々な分野での一極集中を回避・分散するために、業務核都市（東京都の区部以外の広域連携拠点として育成・整備しようと指定された都市）を指定した。多摩地域では、八王子、多摩、立川の3市が業務核都市として位置付けられた（多摩市は1999年に業務核都市になった）。

で、この3市を見比べて、「立川の優位点って何なのよ？」といえば、真っ先に挙がるのが、鉄道の充実度だろう。中央線、南武線、青梅線に多摩モノレールと、JR立川駅が交通の結節点となっており、サラリーマンの機動力も発揮しやすい。こうした利点もあり、都心に固まってしまった各企業の移転先、または新たな立地先（本社・支社を問わず）としても、立川はもってこいというわけだ。

確かに交通の便はいい。しかも都心にも非常に近い。米軍基地が移転した跡地には、たとえば工場施設などを立地するための広い土地も広がっている。企業人の遊び場、セッタイの場だって豊富にある。一見すると非常に魅力的に映る立川なのだが、どうしても大規模な企業立地は進まず、当初の目論見通りには、必ずしもいっているわけではない。

立川市に本社がある上場企業の表を見ても分かる通り、昔から立川に存在している一部の小売業、製造業を除いては、大型の施設を持たない企業ばかり。この他の一般企業に関しても、オフィス自体の数は多いが、小・中規模クラスの企業、大手の支店が多く（しかし立川市内の一事業所あたりの従業員数はそれなりに多い）、公共交通の利便性が必要な商業分野の企業がかなりの割合を占めている。実際に立川は、商業という分野でのみ、産業の拠点性が高いと評価されていたりするのである。

とにかく商業、商業！　その他はいるの⁉

さて、税収によって市自体も潤うし、相当数の雇用も生んでくれる、大規模な企業誘致をしたいのが本音なのだが、それが進まない立川。その要因には地価の高さが関係している。たとえ米軍基地の移転で広い土地が残っていたとしても、これだけ都心に近く便がいい場所では、どうしても土地の価格が高い。巨大工場を必要とするような製造分野の企業が、郊外とはいえ、地価の高い立川に立地するというのは現実的ではない。しかも、鉄道に限っていえば、その利便性は認めても、道路（特に南北！）が脆弱なので輸送面の限界がある。こちらの面でもまた致命的なのだ。このあたりは同じ多摩のなかでも、中央道に圏央道と、道路面の強さを見せる八王子に、悔しいが一歩も二歩も譲らざるを得ないところではある。

立川は商業分野での産業は盛んだとはいっても、そのオフィスや施設が立地している範囲は、ほぼJR立川駅の周辺のみと、非常にコンパクトだ。しかし、このコンパクトなエリアのなかでの商業売上額は、多摩地域でも群を抜いているのである。つまり、業務核都市などといわれ、大型の企業誘致だなんだと、あれこれ考えるよりも、JR立川駅周辺のみを唯一無二の産業圏として捉えて、さらなる商業集積を進めればいいんじゃないの？

今後、すぐに南北に抜けるような大動脈道路ができるわけでもなし。とりあえず、多摩圏の金融・経済の覇権は一応握っているのだから、無いもののねだりをしないほうがいいと思うけどなあ。

※　※　※

その後もずっと企業誘致に力を入れてきた立川だったが、やっぱり立地的な条件から大企業はなかなか集まっていない。

そのかわりといってはなんだが、ららぽーと立川立飛の開発をした立飛ホールディングスは、ＩＫＥＡの周辺にプロバスケリーグ用のアリーナを建設中だ。さらに、近隣に音楽ホールや小規模なホテル、商業テナントビルなどの建設計画が進んでおり、企業誘致から娯楽施設の充実へと舵取りをした印象。どうやらＩＫＥＡ、ららぽーとを導線に一大観光拠点を目指しているようだ。

それにしてもバスケやコンサートホールって地元民は全然興味がなさそうなのだが、はたして大丈夫なのだろうか。多摩全域からの集客を見込むのであれば、少しは目途が立ちそうではあるが、けっこうなギャンブルのような気がしてならない。

広い敷地の工場を持つ、新立川航空機株式会社。立川の歴史を見つめてきた立飛企業とは関連会社

基地跡地の開発主体となっている立飛ホールディングス。企業誘致用のビルなどをあきらめ、娯楽施設の建設を進めている

行政・研究機関の移転で公務員も立川に続々移動

泉町と緑町に広がる行政・研究ゾーン

基地移転に伴う跡地の再開発によってできたオフィスビルに、多くのサラリーマンが通っている一方、国や都の研究・行政機関もあるため、そこには大勢の公務員たちもやってくる。

前項で業務核都市として立川が位置付けられていると説明したが、それは都心への一極集中を回避することが目的で、分散させるのは産業だけに限らず、行政業務の移転もまたその一環である。

1993年に、国の機関等の移転推進連絡会議により、文部省（現：文部科学省）と自治省（現：総務省）管轄の一部機関の移転先が、立川の米軍基地跡に決定した。２００３年には、地方公務員の中央研修機関である自治大学校が港区から移転。これを皮切りに、２００５年には日本語の研究を行う国立国語研究所が北区から、２００８年には日本文学やその関連資料の調査・研究を行う国文学研究資料館が品川区から、２００９年には南極・北極地域の科学研究を行う国立極地研究所が板橋区から、同年には統計数理研究の中核拠点である統計数理研究所が港区から移転してきた。

このような研究機関の移転とほぼ同時期の２００９年に、東京地方裁判所・東京家庭裁判所が八王子から移転。合わせて東京地方検察庁、拘置所も八王子から引っ剥がし、それぞれ東京地方検察庁立川支部、立川拘置所として開庁した。さらに、法務省管轄機関以外も、財務省、厚生労働省、国土交通省の機関が当地に支所を構え（それぞれの省庁の所有街区があったりする）、都の行政機関なども当地に集結。そして立川市役所の新庁舎も、２０１０年に完了し同地区に移転。一大行政・研究区画として、第二の霞が関か、はたまた第二の筑波研究学園都市か、そんな様相を呈している。

公務員の大移動がもたらしたものとは？

先にも述べたが、泉町と緑町一帯は、まるで筑波研究学園都市さながら。特定分野における英知が結集していたり、キレイに区画が整理されているところは筑波と同じだが、筑波との大きな違いは周囲の環境にある。筑波は、今でこそアクセスはだいぶ良くなったが、そこは所詮茨城県。立川の利便性とは比べるべくもない。

元々、筑波への研究機関移転の際、周囲に何も無く研究に没頭できる環境とはいえ、研究者たちは筑波に行くことを嫌がったといわれている。それは研究者個人はもとより、その家族が都会の生活に慣れてしまっていたことが要因にある。つくばエクスプレス開業以前の筑波では、どうしても移住が必要だったが、「見ず知らずの田舎に住むなんてやーよ！」と、皆考えたわけだ。

立川ならそうした心配は基本的に無い。一部機関は港区からの移転で、ジェットコースター的都落ち感は否めないが、たとえば北区からの移転なら、さして差異があるわけではない。仮に立川に住んだとしても、生活パターンが大きく変わることもない。逆に立川では、盛り場のネオンに惹かれて研究に支障が出るのでは、なんていらない心配もしてしまう。

行政・研究機関の移転によって、関連事業所などもそれに合わせて移転したため、2005年以降、立川への人の大移動は確かに見られた。それによって労働人口が増加して商業的活性を呼んだかもしれないが、実際の人口の増加には結び付いていないようだ。なぜなら、筑波と違って非常に通いやすい場所なので、わざわざ移り住む必要はないからである。なので、基地跡地に新たに公務員宿舎を作ることもないと思うぞ。

※　※　※

立川には行政・研究機関が数多く移転してきたが、移転先界隈は緑も多いし、道路も広いし、駅前の喧騒から逃れて、さぞ研究に没頭できている（？）ことだろう。

またお堅い機関が移転してきたこともあって、駅前の飲み屋に流れてくる人の中に、いかにもインテリ風の男性も増えてきた（チャキチャキの立川民とは身なりや風貌からして違うのでひと目でわかる）。時にはまったく異なる文化を語り合うことで公務員・研究者連中と地元民が居酒屋で盛り上がることもあるようで、それはそれでなかなかいい光景ではある。

　しかし、立川の人たちにとって、行政・研究機関のある区画は未だ謎のままのミステリアスゾーン。国立極地研究所では「南極・北極科学館」を入館無料で開放しているが、その存在を知る地元民は少ない（ちなみに地元をよく知る飲み屋のオッチャンにも聞いてみたが誰も知らなかった）。そもそも勉強とか研究とはほど遠い（？）立川の人たちが、南極や北極に興味を示すはずがない。あくまで営利を目的とした科学館じゃないから、人が来ようが来まいが関係ないっちゃないけれど、それでもガランとした館内を訪れると、ちょっとだけ胸につまされるものがある。

立川防災合同庁舎。都心で災害対策本部が被災すれば、ここが国や都の対策拠点になる

国内外に所蔵されている日本文学と、その関連資料を調査研究している国文学研究資料館

周辺は大学だらけ！立川に集う学生たち

淡泊で大人しい大学生がウヨウヨ

あまり大きな声でアナウンスされることはないが、立川は学生だらけの街でもある。北口のオフィス街や南口の盛り場のイメージが強すぎるせいか、他に目立つ人種がけっこういるので、学生たちが強烈に目立つことはない。だが、立川という街は断固として学生だらけの街だといえる。

朝や夕方のＪＲ立川駅に行くと、男女の中高生が制服姿でウヨウヨしていて足の踏み場も無い。スカートが長めなのが女子中学生で、手鏡持ちの変態につきまとわれそうなミニスカートが女子高生という区分方法はどうでもいいとして、本当に多いのは中高生ではなく、大学生である。

「立川に大学生？　立川に大学なんてあったっけ？」そう思った方も多いはず。実は立川市内に大学は少ない。大学と名のつくところは国立音大と自治大学校のふたつだけ。自治大学校は地方公務員に対する高度の研修を行う施設なので、いわゆる一般的な大学とは違う。国立音大に至っては、学生の評判はやたらいいが、立川のくせに「くにたち」を名乗る不届きものだ。でも、立川唯一の大学が「くにたち」って……。確かに「たちかわ」より生徒は集まりそうだけども。

大学がほとんどない立川にたむろする大学生は、立川の周辺地域からやってくる。隣の国立には一橋大と東京女子体育大（短期大学含む）があり、府中には東京外国語大と東京農工大、国分寺には東京経済大がある。小平なら津田塾大、武蔵野美術大、嘉悦大、文化学園大など。日野には首都大学東京、実践女子大、明星大がある。さらにモノレール沿線では八王子の中央大もある。

彼らは授業が終わると、ひとまず立川を目指す。なぜなら、立川には若者向けアミューズメントが豊富だからだ。シネコン、デパート、ファッションビル。書店も多いし、家電量販店もある。漫画喫茶、安い飲み屋、合コン向けの気の利いた店もある。カラオケ、男だけで遊ぶムフフな店もある。大学生にとってはプラットフォーム的な役割を果たす街といえる。そして何より雇用があることが学生を呼ぶ。若者向け求人がハンパなく多く、大学生のアルバイト先には事欠かない。だから彼らは、立川に進路を取るのだ。

そんな立川に集う大学生たちは、どう贔屓目に見ても「とびっきりオシャレ」とはいえず、お世辞にも「知的で洗練された雰囲気がある」とはいえない。かといって、ハミダシ者や突出した者もいない。案外大人しく、淡泊な感じを受けてしまう。良くも悪くも現代大学生気質という感じだ。立川にいる学生だもの、酔っぱらってヤンチャするなんてイメージはあるけど、どちらかといえばそれは私服の高校生だったりする（というか、飲んだらダメですよ〜！）。

中央大学多摩キャンパス。住所は八王子ながら多摩モノレール「中央大学・明星大学駅」で下車

武蔵野美術大学は通称：ムサビ。デザイナーやアーティストをはじめ、多くの著名人を輩出

立川市コラム 2

喫煙所撤廃でも喫煙者にやさしい!?

立川市は喫煙者に寛大な街だった。2008年に施行された『立川市安全で快適な生活環境を確保するための喫煙制限条例』では、喫煙者の権利も認め、非喫煙者との共存ができる街を理想に掲げていた。ぶっちゃけ喫煙者が多い立川で全面禁煙にすると逆効果になると踏んだのだろう。条例では罰則規定を設けず、注意喚起と啓もう活動によって、分煙を進めようとしたのだ。

喫煙者に甘いように思われるかもしれないが、これが意外にうまくいっていた。喫煙者は駅前に設置された灰皿で一服してから通勤するためのバスや電車へと向かう、というルートが出来上がり、煙が苦手な人は喫煙所を避けるようにしていた。

ところがだ。2016年7月に北口と南口に設置されていた喫煙所が完全撤去となってしまったのである。どうやら「煙たい」というクレームが相次いだ

というのがその理由らしい。

そもそも喫煙所だった場所には問題があった。北口は各バス停に向かうロータリーのど真ん中、南口はデッキから降りるエスカレーターの真下である。非喫煙者も喫煙所を通らなくてはならないルート上で、通勤時間帯の喫煙所のスモーキー具合は、ちょっとしたボヤレベルだった。

しかし、この処置はどうなのだろうか？　元同じように灰皿を撤去した渋谷では、元喫煙喫煙所でタバコを吸う人が跡を絶たず、ポイ捨てが問題となっている。そんなわけで横浜や新宿では、あえて喫煙所を撤去せず、柵で覆ったり、喫煙専用ルームを設けて対応している。

というわけで、喫煙所の強制撤去はどうに

も不安だったのだが。これが意外や意外、多少ポイ捨てを見かけることはあるが、渋谷なんかに比べたら全然マシなのだ。競輪新聞を抱えたオッチャンたちにしろ、タバコを耳に挟んではいるが口に咥えることはない。もちろん喫煙者の不満はあるのだろうが、態度に表れてはいないのだ。

だが、これにはちょっとしたカラクリがある。実は立川の禁煙エリアは駅前の半径250メートル以内に限られているのだ。ざっくりいうと北はタカシマヤ、南はモノレールの立川南駅を超えれば路上喫煙OKなのである。一応歩きタバコとポイ捨ては全面禁止だが、携帯灰皿を使って路肩に立ち止まって吸えばいいだけ。飲食店の軒先などに灰皿が設置されているのも特に禁止されていない。そんなわけで立川の喫煙者はこのルールをあらかじめ知っているので、駅前からちょっと歩いてしっぽりと一服している。

都心では全面禁煙が主流でも、立川はあくまでも喫煙者にやさしい街なのである。

第3章
何でも揃ういびつなパラダイス立川南北地区

ギャップありすぎ！立川南北エリアの光と影

南口人気が上昇中！　とはいえ差はアリアリ

立川でアパートを探していて、「北口徒歩10分、家賃8万円」と「南口徒歩5分、家賃6万円」の広さや設備が同じような物件があったとする。通常ならどう考えても南口の物件を選ぶだろうが、多少なりとも立川を知っているなら、もしかしたら「北口」を選ぶ人が多いかもしれない⁉

今さらだが、立川駅北口は再開発によってデパート群、シネコン、ホテル、市立中央図書館などの商業・文化施設が多く作られた。一方、南口は経済の中心がＷＩＮＳで、駅周辺にパチンコ屋や飲食店、風俗店が密集していて、イメージがあまり良くない。この南北の開発格差は、「立川の南北問題」ともいわれているのだ。

　立川駅周辺の再開発は、米軍基地跡地利用〜モノレール建設に伴って始まったわけだが、首をかしげるのは、モノレールの駅が「立川北駅」と「立川南駅」に分かれてしまっていることだ。ＪＲ立川駅とひとつにしたほうが乗り換えも便利だし、よかったのではないか？　とは誰でも抱く疑問だ。この件では、「モノレールの駅はＪＲ立川駅の上に作られるはずだったが、地元商店街が駅前を素通りされることを恐れて反対し、南北に駅を設置させた」という噂もあるが、これは間違い。実は、最初予定されていたのは「立川北駅」だけで、それを地元商店街が「北口にしか駅が無いのは南北格差を助長する」と反対して、立川南駅も設置させたというのが真相のよう。つまり、再開発前から「南北格差」は問題視されていたわけだ。

　なぜ立川駅の南北に「格差」が生まれたのか？　それは今から約１２０年も昔に遡らねばなるまい。

　当時立川（立川村）の中心は、諏訪神社がある柴崎地区だった。明治になって鉄道が敷かれることになり、鉄道会社は駅を諏訪神社近くに作ろうとしたが、住民の反対にあってとん挫。駅は当時村はずれだった現在の場所に建てられることになった（1889年）。

当時の立川駅には、北口しかなく、立川の市街は、北口を中心に発展していった。しかしこれも最初は南口にする予定だったのだ。ところが蒸気機関車に必要な水の提供を頼まれた立川村が、これを拒否。かわりに砂川村が引き受けたことから、北口に変更されたという。立川村が水の提供を渋ったのは、そこが純農村地帯だったからであり、このとき了解していれば、現在の南北格差は逆になっていたかもしれない（今さらこんなことをいっても意味無いけど）。

立川駅に南口が作られたのは、40年以上経った1930年。南口の開発自体、出遅れの歴史があったのである。だが、平成になってからも悲劇は続く。モノレール建設の区画整理によって、南口の商店の多くが立ち退き、「いざ、これから！」というときにバブルが崩壊。再開発は遅々として進まず、しばらく駅前に空き地が放置されることになった。しかし立川駅から南はすぐ甲州街道だし、その向こうは多摩川だ。最初から広大な用地を抱えて再開発を行った北口地区と比べても仕方ない。

JR立川駅を挟み、多摩モノレールの立川南駅と立川北駅の2つの駅が存在している。両駅は運賃計算上では同一駅と見なされている

こうして長い間ワリを食ってきた南口地区だが、グランデュオやアレアレアの進出で最近はちょっとは見直されつつある。錦町近辺の地価もここ数年、急カーブを描いて上昇してきている。

だが、そんな南口の柴崎町で２０１１年５月、現金強奪事件が起こった。立川６億円強奪事件である。現金被害額は過去最高。その後、広域暴力団系組員の関与も明らかになって、またまた「立川南口って大丈夫なの？」という声が聞こえてきている。そうそう簡単にイメージアップとならないところが、南口のツラいところだ。

駅ビル北口とデパートなどを結ぶペデストリアンデッキ。立川北駅やファーレ立川にも通じる

飲食店や居酒屋、風俗店が入っている南口の雑居ビル。南口経済を回しているのはWINSか？

鉄火場に続く曙町・錦町のディープ度

北口と南口に広がる多摩最大の歓楽地帯

巷ではピスト（競技用自転車）が大流行中。だが立川では、サイクルウェアを着てピストに乗っていると、耳に赤鉛筆を挟んだオッサンから「ニイちゃん、今日走るの？」と聞かれてしまうという都市伝説がある。

中年以上の世代にとって、立川はギャンブルの街。北口には立川競輪場、南口にはＪＲＡのＷＩＮＳという2大鉄火場がある。

ＪＲ立川駅の北東、立川競輪場がある曙町。競輪場周辺にはスナック、小料理屋、居酒屋がずらりと並ぶ。「これでもこの辺は、ずいぶんキレイになった」と地元の人はいうが、競輪開催中の曙町の路地には、オッサンたちの一発必中の気迫が満ち満ちている。

さて、レースが終わってJR立川駅に向かうには、2つのルートがある。勝った者が辿るのは、競輪場正門から広い通りを西に向かい、立川通りに出るルート。その一角には飲み屋ばかりか風俗ビルが建ち並び、アブク銭を手にしたオッサンたちを妖しく誘う。一方の敗者は、競輪場から南に延びる細い路地を行く。これが通称・オケラ街道である。こちらにも飲み屋はあるが、さすがに少しわびしい風情だ。少し歩いて小学校の横に出ると、東西に走る細い通りにぶつかる。シネマ通りである。

シネマ通りは、その名の通り、立川で最初に映画館が出来たところで、戦後は米兵相手の遊郭として大いに賑わった。松本清張の代表作『ゼロの焦点』では、戦後すぐの立川で娼婦を取り締まっていた男の過去が、事件を解決するカギになるが、それはまさにここを舞台にしたものじゃないかと想像を掻き立てられる。しかし、今では小さな商店が両側に続くだけで、遊郭の面影はほとんどない。

で、もうひとつの鉄火場がWINS立川だ。南口グランデュオ前からWIN

Ｓに向かって、いろは通り～ＷＩＮＳ通り、すずらん通りという２本の道が延びている。そのグランデュオ横、いろは通りを挟んだ向かいが、いきなり飲食・風俗店の密集地帯である。

人通りはストレートにＷＩＮＳに行けるすずらん通りのほうが多いが、街角には交通整理している警備員の姿がとにかく目立つ。ＷＩＮＳ立川はＡ館とＢ館に分かれていて、どちらも小ギレイなビル。かつては「厩（うまや）」とか「必勝ラーメン」などのいかにも競馬オヤジ受けしそうなネーミングの店ばかりだったが、最近では立ち食い焼肉店といった新しい飲食店がオープンし、ずいぶん小ぎれいになった。とはいえ、土日になると相変わらず濃厚な加齢臭が漂っているのは言わずもがなである。

そのままウインズ通りのさらに東、南武線の手前付近は、かつて「錦町楽天地」という遊郭があった。この遊郭は戦時中、軍の誘致で作られたもので、戦後は進駐軍向けの接待所になっていたという。しかし現在、遊郭の跡は住宅やマンションが建つ住宅街になっていて、当時を思い起こさせるものはほとんど残っていない。

そこから戻ってNISHIKIウインズ通りを中央線の線路の近くまで行くと、北側へ抜ける地下通路がある。今でこそアートっぽく塗られているが、昔は壁が血塗られていたとされる物騒な通路だが、ここを通り抜けるとまたまたスナック、キャバレー、ラブホテルが集まる一角が現れる。ホントにどこを抜けてもソノ手のエリアに辿りつく。立川の2大鉄火場を擁する曙町、錦町の抜けられないピンク・スパイラル。場所も人も、そのディープ度は底なしだ。

※　※　※

錦町や曙町がチャキチャキの立川っ子が集う街区であることに大きな変化はない。新しい飲食店（主に酒が飲める飲食店かラーメン屋）もちょこちょこ出来たりしているものの、経営が安定しているのか古参のキャバクラが潰れることは少なく、条例にも屈せずスーツ姿のお兄さんたちがひっきりなしに声をかけている。

この界隈の興味深いポイントは個人経営店の強さであろう。駅前の路面店はチェーン系が制しているが、100メートルも歩くと、小さなスナックやバーが乱立しており、路地裏にもかかわらず平日からけっこうなにぎわいを見せている。むしろ駅前のチェーン系居酒屋などは入れ替わりがやたらと激しい。立地的にはチェーン店の方が強いはずなのだが、このような現象が起きているのには理由がある。

突き詰めればチェーン店に魅力が無いからなのだが、古参のバーやスナックについて、その経営者の多くは、親世代から立川に住む地元民であり、横のつながりが強いのだ。そこから芋づる式に友人の友人へと広がり、彼らがやがて常連客となっていく。カウンターだけの小さな店でも、ひっきりなしに客がやってくるのは、地元のネットワークを基盤としたコミュニケーションをウリにしているから。地元民が経営する店で、地元民たちが飲み明かす。一見さんには敷居が高いが、ディープな雰囲気を堪能したいのであれば是非どうぞ。

NISHIKIウインズ通り。WINS通り、すずらん通りとクロスし、休日はオヤジたちがひしめく

立川駅周辺といえばコレ。キャバクラ、ソープ情報を教えてくれるフーカン(風俗情報館) も完備

競輪場はあるのに最悪な立川駅前の自転車事情

マナーと放置自転車は都内でもワースト

立川といえばケイリン。だが、立川はそれ以外にも、自転車と切っても切れない間柄だ。それは自転車の運転マナーの悪さと、放置自転車の多さである。

2010年、立川警察署管内で起こった交通事故の負傷者は1544人。そのうち4割以上が自転車関連の事故だ。自転車事故の多発地点は、市内を南北に走り、駅周辺を通る立川通り沿い。通りを歩くと、立川通りは車だけでなく、自転車の通行が多い。なかには2人乗り、2列並走、一時停止しないでの飛び出しなどが目につくが、これくらいなら他の街でも珍しいことではないかもしれない。

では、立川のどこが他と違うのかというと、自分が迷惑行為（あるいは違法行為）をしているという意識が、あまり無さそうな人が多い、というところだろうか。ドヤ顔とまではいわないが、歩道で自転車をあわてでよけたら「なんだ？」という顔で睨まれたりすることも多々あるという。立川警察署のホームページに、堂々と「（自転車の）利用者の安全への意識が低いように思われます」と書かれてしまうくらい、自転車マナーが残念な街なのである。

そしてもう一方の放置自転車も頭の痛い問題。「ＪＲ立川駅周辺の放置自転車数が都内ワースト１になった」というニュースが流れたのは２０１０年のこと（調査は２００９年）。このときのＪＲ立川駅周辺の放置自転車数は９８３台。実はこの前年と比べて特に増えたわけではない。だが、それまで上位を占めていた大塚、池袋、赤羽といった駅の周辺が、駐輪場を増やしたり撤去を徹底したりして、放置自転車の数を大きく減らしたため、数が横ばいの立川がワースト１に躍り出たのである。

立川駅への１日の自転車の乗り入れ台数は、およそ１万台にのぼるといわれている。駐輪場の整備が遅れていたこともあって、数年前の駅前、特に南口の放置自転車の状態はヒドかった。点字ブロックだろうとなんだろうと、ところ構わず停められた自転車で歩けないほどだった。特に警備員がいなくなる夕方から夜にかけては、停め放題の無法地帯になっていたのだ。そんな立川市も、汚名返上とばかりに駅周辺の駐輪場を整備し、現在では１万台を超える自転車を収容できるようになった。その一方で、禁止区域に放置されていた自転車を撤去し、一時的に泉自転車等保管所に保管。持ち主が現れない、まだ使えそうな自転車を１台５０００円で販売するというリサイクルも行っている。

その結果、２０１１年発表（調査は２０１０年）の立川駅周辺の放置自転車の数は６９３台。東京都で９位と多少改善された。しかしよ〜く考えてみると、最悪だったときの70パーセントの自転車がまだ放置されていることに。

なぜ、立川の放置自転車は減らないのか？　そんな思いを抱きつつ、ＷＩＮＳ近くの臨時駐輪場（無料）があったという場所へ行ってみると、そこにあったのはタワー式の立派な駐輪場。管理人に聞くと、利用料金は最初の２時間が無料。４時間ごとに１００円の料金がかかるという。なんと有料の駐輪場に変身していたのである。

もしかして、放置自転車が減らない理由は、料金を払うのが嫌だからなのか？　それとも駅からやや離れた駐輪場に停めるのが面倒だからなのか？　まあ、双方ともにその要因になっているんだろう。

市では一時利用客に有料駐輪場のマップを配って利用を促すというが、まだまだ放置自転車とのイタチごっこは続きそうだ。

※　※　※

立川という街は得てして対外的な体裁を取り繕う傾向が強い。放置自転車がワースト1と報道されれば浄化に躍起になり、嫌煙や禁煙が時代の流れと見ればそそくさと喫煙所を撤去してしまう。こうした節操の無さは旧立川町から受け継がれた商人気質によるものだろうが、体裁を整えるためには努力を惜しまないその姿は、逆の意味で賞賛に値する。

というわけで、立川駅前の放置自転車を最近めっきり見かけなくなった。しつこく撤去を続けてきたおかげか、もはや駅前でチャリを漕ぐ高校生すら絶滅寸前である。

実際、2013年に1023台だった放置自転車は、2015年には466

台に半減。歩道に駐輪するのがはばかられるほど激減している。また、自転車事故による負傷者数も2014年には331人。本編の調査年度である2010年に比べてほぼ半減している。立川通りは未だに自転車事故が多いエリアだが、それでもかなり安全になったといえる。

ただうってかわって目立つようになってきたのは、砂川を東西に走る五日市街道沿いの自転車事故。周辺は高齢者が多く住む地域だが、東西を繋ぐバス路線も少ないことから高齢者による自転車運転が多い。道幅が狭くガードレールがない区間もあり、走行する車のすぐ脇でフラフラ運転の自転車が通行するので、ドライバーはヒヤヒヤものである。

とりあえず駅前の自転車問題は改善されたが、砂川のような対外的に目につきにくいエリアはほったらかしなところもまた立川らしい。

立川駅前の駐輪場はほとんどが有料。駅にチャリで来てほしくないという意図が見え隠れする

立川通り中央線高架下。急な坂になっていて、自転車が加速しやすい。自転車事故多発地点

立川駅に鎮座する超巨大駅ビルの本当の評判

立川らしくない駅ビル地元民の感想も様々

ＪＲ立川駅には、いくつもの大規模商業施設が集まっている。ルミネは、元々ＪＲ東日本の子会社で、主に駅ビルの運営をしている。というわけでＪＲ立川駅の改札を出ると、もうそこにルミネがある。ルミネ立川は、元々はＪＲが国鉄だった時代に「ＷＩＬＬ」としてできた駅ビルで、立川が大きく変わるポイントになった商業施設だと地元で認識されているほどだ。そのＷＩＬＬ時代の売り上げは好調だったが、１９９２年にルミネ立川となって以降、ルミネ全体の経営方針により、テナントなどの大幅な改善を図って、暗くてダサいといわれていた駅ビルからの脱却に成功した。

このルミネ立川でポイントが高いのは、パスポートセンターがあるところだ。同じフロアには、ＨＩＳやたましんの外貨両替専門店が入っていて、至れり尽くせり。さすが米軍の街だっただけある、なんて思うのは考え過ぎ？

ルミネもデカいが「駅ナカ」のエキュート立川もエキュート（ＪＲ東日本の駅構内小売業）では最大級。改札のなかにショッピングゾーンがあって、乗り換え客でも買い物できるため、集客力は抜群。

一方、南口にあるグランデュオ立川。立川では伊勢丹やタカシマヤは中高年層、ルミネは若年層の客が多いため、グランデュオは20代後半～30代の女性をメインターゲットにしたといわれる。ファッションとレストランが中心で、「立川中華街」なども過去にあった。また、このグランデュオは、駅の改札から直接入っていけるところ（ルミネやエキュートだと2階）が1階で、その下は「サザン」という別の商業施設になっている。グランデュオからサザンに行くには、エレベーターか、一度外に出るしかない。どうやら、土地の権利の関係でこうなっているらしい。

さらに南口にはアレアアレアという複合商業施設もある。アレアレア１（ＪＲ

立川駅寄り）と2（モノレール立川南駅寄り）があり、それぞれ駅とペデストリアンデッキで直結（しかし1と2は繋がっていない）。ここで有名なのは、アレアレア2の「ラーメンスクエア」だ。ラーメンなのに、なぜかニューヨークをイメージしたというフードテーマパーク。それにしても、先述の立川中華街やらラーメンスクエアやら、立川はこの手のテーマパークが大好きのようだ。

こう見てくると、JR立川駅とその周りは、新宿や渋谷も真っ青の充実ぶりだ。しかし、ホントの評判はどうなのだろう？

ということで、地元の買い物客に感想を聞いてみると、20代女性は「なんか駅ビルに並んでる服と、街を歩いている人とが合ってない気がする。立川はオバサンや女子高生が多いし、センスいいファッションは、ちょっとムリかも」と、なかなかの辛口評価。同じ質問を50代女性に向けてみると、「駅ビルじゃ買う服がないから、タカシマヤか伊勢丹に行くことが多い」という。あんなに混んでいるのに意外と最先端ファッションに弱いのだろうか？　確かに化粧をバッチリ決めてるのにファストファッションという女性を多く見るけどね。

今度は駅ビルのもうひとつの目玉でもあるグルメ系の印象を聞いてみると、

40代男性は「これぞ立川という目玉がない気がする」と答え、50代男性は「ラーメンスクエア？　行ったことないなぁ」とかなりビミョーだ。

ただ、その一方で「けっこうお店も気に入っているし、不便は無い」（40代女性）という人もいるし、「駅ビルの雰囲気の良さと充実具合は、立川に住もうと思った要因のひとつ」（30代女性）という人もいる。両者ともに出身を聞くと地方からの移住民。古くからの地元民と新住民で、多少の温度差はあるのだろう。

お店は「最新！」「オシャレ！」「充実！」「便利！」と声を上げるが、どこにでもありそうな流行りの店ばかりでは、立川自体の個性が無くなりそうな気もする。駅ビル側の戦略もあるので、それも致し方ないところだが、あまりにハイスピードで進む立川の駅前再開発が、立川らしさを知っている地元民をちょっと不安にさせているのか、とも思うのである。

※　※　※

立川タクロスにできたヤマダ電機が意外に不評なのは前項で述べた通り。今も駅前ビルの主力は伊勢丹・タカシマヤ・ルミネ・グランデュオの「立川四天王」が担っている。

かつて「四天王」はライバルとして競い合っていた。シーズンになるとし烈なセール合戦が繰り広げられ、顧客を奪い合っていたものだが、最近はその関係に微妙な変化が生じている。発端となったのはららぽーと立川立飛のオープン。人の流れをあちらに取られてしまうことを恐れた四天王は、２０１５年に共同でファッションショーを開催するなど、共闘路線に変わりつつある。

でもまあ、四天王の共闘もいつまで続くか。なぜなら平日のららぽーと立川立飛には、ほとんど人がいないのだ。３１００台の収容台数を誇る駐車場も平日は約半分を閉鎖しており、昼時にもかかわらずフードコートはガラガラ。今年に入って閉店セールを打ち出すテナントも見かけるようになった。

むしろ四天王は今後、ららぽーと立川立飛と共闘するくらいでないとヤバいような気がする……。

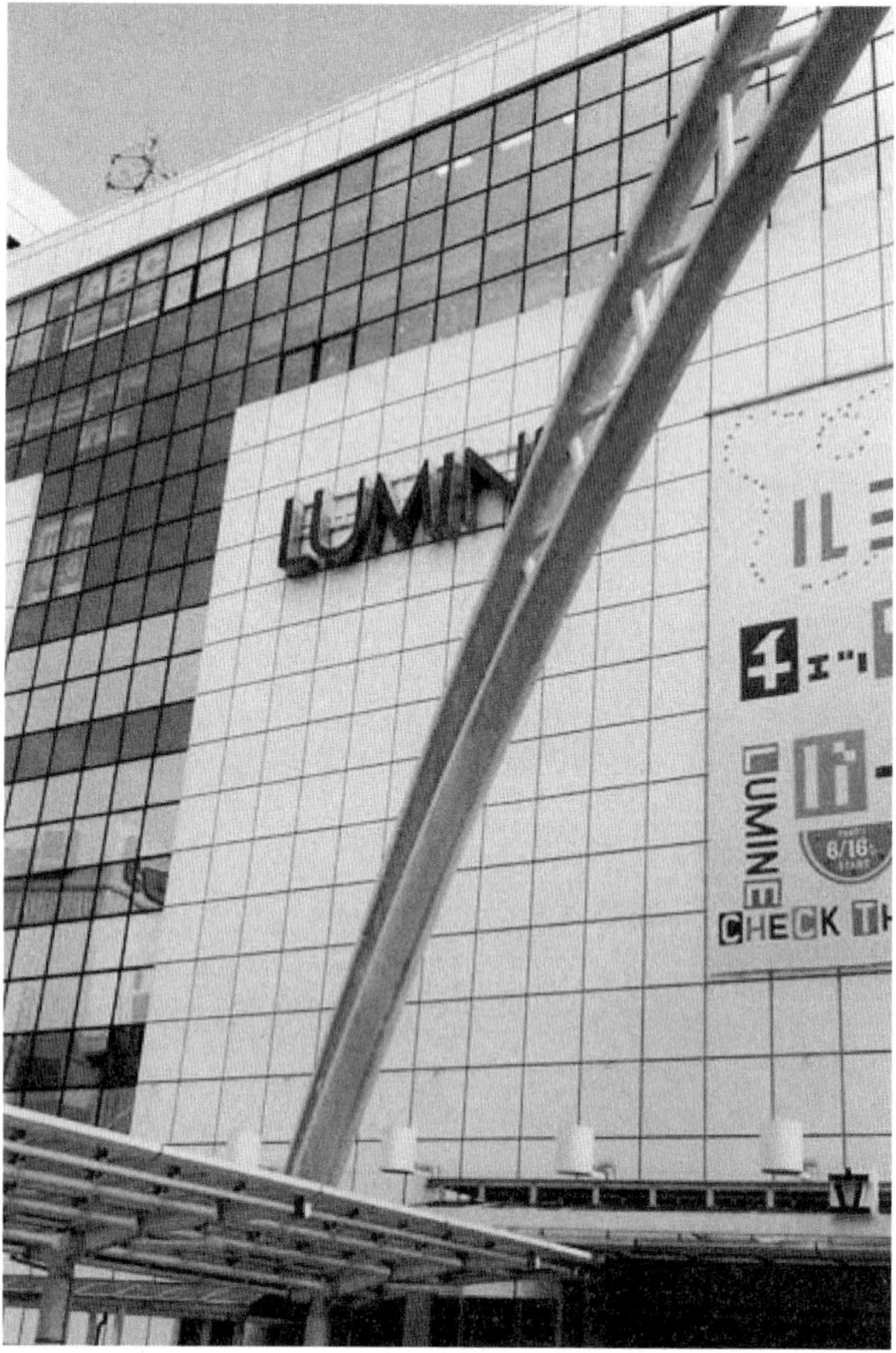

ルミネの年末セールになると立川通りが異常な渋滞に見舞われるのは毎年の恒例行事のようなものだ

血気盛んなエリアだけに花開いたお祭り文化

祭り好きの土地柄から立川の今が見える？

東日本大震災の影響で、中止が相次いだ2011年のイベントや夏祭り。しかし立川では、8月中だけでも「立川よいと祭り」「羽衣ねぶた祭」「諏訪神社例大祭」「南口商人祭」と、人が少ないお盆の時期を除いて、ほとんど毎週お祭りをやっていた。中止になったのは昭和記念公園の花火大会くらい。なぜか立川（立川エリアね）は、祭りが大好きな土地柄なのだ。

まず、8月初旬の「立川よいと祭り」は、1989年に始まった比較的新しいお祭りだ。「よいと」というのは、良いところ、良い都、良い人などの意味だという。メイン会場はファーレ立川のモノレール高架下。テーマは「光と音を中心にしたオリジナル性の中に、歴史的な文化財を新しい形で再現」となんだか分かりづらいが、パレード演奏、和太鼓、よさこいソーラン、神輿などなんでもあり。要は参加者が「立川っていいところじゃ〜ん！」と、郷土意識を高めてもらえればいいようだ。

一方、立川の東端、羽衣町の「羽衣ねぶた祭」も、始まったのが１９９８年という新しいお祭りだ。この祭りで町内を練り歩くねぶた人形は、実際に青森で使われた「本場モノ」。提携している青森県黒石市から送ってもらい、補修したり色を塗り直したりして再利用しているそうだ。たった１基のねぶたから始まった羽衣ねぶた祭だが、２０１１年には12基、10万人の観客を集めるようになったのだから凄い。祭りの雰囲気的にも、かつて花街として賑わったという羽衣町を彷彿とさせる。

だが、立川の夏祭りのメインは、やはり「諏訪神社例大祭」だ。街の風景は変わっていっても、この祭りだけはずっと変わらないという、立川民の思い入れたっぷりの祭りである。この神社の祭神・建御名方神（たけみなかたのかみ）が、信州諏訪大神から勧請されて、立川の今の場所に鎮座したのが８１１年（２

０１１年は、ちょうど鎮座１２００年祭だった）。建御名方神といえば『古事記』や『日本書紀』の「出雲の国譲り」で、出雲の支配権をかけて高天原の建御雷神（たけみかずち）と対戦。力くらべで一敗地にまみれてしまった神様である。この神様同士の一戦が相撲のルーツだという説があるが、さすがギャンブルの街・立川の神様は、敗れたとはいえ、一か八かの勝負師なのだ。

　この「国譲り」の故事にならってか、諏訪神社のお祭りでも、奉納相撲が行われる。さらに神輿が出て、通りを威勢よく練り歩く。狭い通りで山車と神輿がかち合い、競り合いが起こるが、鉄火肌の強面の兄さんたちのバトルは迫力十分。勝負の神様のお祭りだから、皆負けていられないのだ。

　２０１１年、この諏訪神社例大祭と同時に行われたのが、南口商店街が主催する「南口商人祭」である。この祭りで特に目立ったのが、西国立駅に近い東会場で開催されたイベント「たちフェス」だ。「立川を第２の秋葉原に！」というとんでもない掛け声のもと、数十台の痛車（アニメのキャラクターなどをペイントしたクルマ）やコスプレイヤーが大集合したのである。ちなみに会場になった旧立川市役所跡地は、ＡＫＢ48が、テレビ東京『マジすか学園２』でロケした「聖地」なのであった。

南口商人祭は、東日本大震災の復興イベントという意味合いもあったが、ここからは今の立川が抱える問題もなんとなく見えてくる。つまり、「急激な都市化で大規模店舗が進出して、古くからの地元商店が疲弊している。ならば、新しい産業（アニメ）をもっとアピールして、まちおこしができないものか」という意図もあるようにも思えるのだ。もちろんこれは立川だけでなく、他の多くの街が抱える問題でもあるのだが……。

まあそれにしても、どんなに難問が山積したって、血気盛んな立川民だけに、夏になればそのお祭り好きの血が燃えたぎる。でも、伝統ある諏訪神社のお祭りに、けっこうディープなアニメイベントをぶつけてしまうところは、米軍と育って「オールカマー」精神旺盛な、立川民の真髄を見る気がしておもしろいぞ！

団地の広場で開催されるような小さな祭りにも来賓として市長が来たりすることも

鎮座1200年を迎えた諏訪神社。毎年開かれる例大祭は、立川の夏祭り最大のイベント

主な立川市のイベントとお祭り

イベント・お祭り	開催時期
フラワーフェスティバル	3月中旬～5月中旬
立川フラメンコ	5月初旬
立川いったい音楽まつり	5月下旬
富士見夏祭り	6月初旬
立川まつり国営昭和記念公園花火大会	7月下旬
立川よいと祭り	8月上旬
熊野神社例大祭	8月中旬
羽衣ねぶた祭り	8月下旬
曙まつり	8月下旬
すずらん夏祭り	8月下旬
諏訪神社例大祭	8月下旬
西砂ふれあい松明祭	8月下旬
国営昭和記念公園コスモスまつり	9月下旬～11月上旬
秋の食楽祭	9月下旬
立川防災航空祭	10月上旬
たちかわフリーマーケット村	10月～11月
たちかわ楽市	11月上旬

※立川市観光協会ホームページなど複数の資料を参考に作成
※2016～2017年の実績・計画に基づいて作成

立川の文化は「中央線カルチャー」なのか？

アート戦略展開中！　でも市民は不在？

かつて中央線沿線には、「中央線カルチャー」と呼ばれる独特の文化があった。1960年代後半、ベトナム戦争が泥沼化すると、アメリカでは若者を中心に反体制的な反戦運動が起こった。その運動から生まれたのが、ヒッピーやフラワーチルドレンのカウンターカルチャーである。

ヒッピー、パンタロン、アングラ（ほとんど死語）、フォーク、ロック……。それが日本に伝わって、当時ヒッピー文化の中心だった新宿を拠点にしていた文化人、ミュージシャン、劇団員たちが中央線沿線に住みついた。彼らが作り出したのが中央線カルチャーなのである。当時のフォークソングにも『高円寺』

（吉田拓郎）、『一本道』（友部正人）といった中央線を歌った曲がある。若者たちは、安い居酒屋に集まり、アツく議論を戦わせていた。その伝統は今でも残っていて、高円寺〜吉祥寺近辺の居酒屋、ライブハウス、ジャズ喫茶、小劇場には、独自のコミュニティが形づくられていたりする。

では、この中央線カルチャーの文化圏はいったいどこまでなのか？ 西の果てが立川という説があるが、立川にいるとその空気はかなり希薄のように感じられる。本当に中央線カルチャーは立川にあるのだろうか？ その秘密は立川が辿ってきた歴史にありそうだ。

終戦後、中央線周辺には立川基地、府中基地、横田基地といった米軍基地が置かれた。戦争が終わると日本のジャズメンは、仕事や食べ物、そしてモノホン（本物）のズージャ（ジャズ）を求めて米軍基地に通い詰め、クラブでアツい演奏を繰りひろげた。立川はフォーク以前に、ジャズが似合う街だったのだ。ベトナム戦争が激化すると、日本の米軍基地は戦争遂行の重要な拠点になっていく。根っこに「反戦」や「反体制」を抱えた中央線カルチャーと、基地、ギャンブル、風俗に支えられた立川は相性が悪かったのではないか。それが、中央線カルチャー感が希薄な理由ではないだろうか。

もちろん、立川にも中央線カルチャーらしきものはある。中野のサブカル、高円寺のバンド文化のようなものは、立川でも見られる。だが一見、中央線のいいとこ取りの〝ミクスチャー〟文化のようにも思えるが、楽しんでいるのはヨソ者で、立川民が興じている様子はない。つまり、地元民に「中央線カルチャー」の担い手たる意識は無いのだから、根本的なところで中央線カルチャーそのものが無いのでは？　とも考えられるのだ。

そんな立川は、中央線カルチャーというよりも、独自に「文化の街」として一大変身を図ろうと画策している。1994年にオープンした「ファーレ立川」には「アートの街」を目指して、90人以上のアーティストによる野外彫刻が設置された。しかし、これには市民の反応は意外とクールだ。「道端にいきなりヤギがいたりしてびっくりするけど、あれ、アートなの？　子供は喜んでるけどね」という市民の声も聞かれた。

一方、市が率先してアピールしているアニメ文化は、全国のアニメファンの熱意が生み出したもの。お仕着せの「アート」よりも説得力はあるが、市は「観光資源」と見ている節もあり、「文化」に昇格するにはもう少し時間が必要。中央線カルチャーを超えて、市民の血が通った立川独自の文化を生み出せるかどうか、これからが立川の腕の見せ所といえるだろう。

※　※　※

筆者は立川に住んで8年。地元民から比べればまだまだ若輩者だが、それでも少しずつ〝立川カルチャー〟というものが見えてきた。

前頁で述べたように中央線カルチャーを取り入れたミクスチャー文化というのは大きく外れてはいないが、完全に的を射ているかと言われれば、地元民は首を傾げるかもしれない。

中央線で象徴的な文化といえば音楽。立川でも音楽は人気だ。ライブハウスもあるし、楽器屋や音楽教室だってある。バーなどで呑んでいるとバンドマンと遭遇することも多い。年末には錦町界隈の飲食店らが主催する「立川ＩＮ－ＳＨＯＣＫ」なるイベントも開催されており、毎年満員御礼だという。それでも決して立川＝音楽というイメージにはならないのはなぜだろうか。

その答えは、立川民の本質が酒と祭りにあるからだ。高円寺にも阿波踊りなどの祭りはあるが、諏訪神社の例大祭に比べれば歴史が浅い。もともと中央線カルチャーは住み着いた移住民たちが寄り添って少しずつ文化を築いてきたからこそサブカルチャーとしての色合いが濃くなっていった。一方の立川では、あくまで文化を担うのは親世代から住む立川先住民だ。音楽そのもののアート性よりも、音楽をネタに祭り感覚を楽しむほうが優先される。もちろん立川ファーレの彫刻に心を惹かれることなどありえないのだ。

地元民の強固なネットワークがある立川カルチャーは、中野や高円寺といった中央線の本流とは、そもそも本質が異なるといえるだろう。

立川市コラム 3

立川の名物おでんそばが復活した!?

試しに地元民に「立川名物といえば?」と聞いてみる。すると、「う〜ん、たしかウドが名産だった気が……」とか「名物なんてないよ〜」と返ってくることがしばしばある。しかし、立川駅をよく利用するサラリーマン風の男性に同じ質問をしてみると「おでんそば!」と即答されるだろう。おでんそばは、立川駅の3〜6番線ホームの立ち食いそば屋で販売されているため、中央線を利用者にはお馴染みのメニューなのだ

おでんそばの発祥は1900年に立川駅北口にできた中村亭。そもそも中村亭は駅弁などを販売していた売店だった。明治時代にはわずかな待ち時間に飛ぶように駅弁が売れていたらしい。

一応おでんそばを知らない人（電車を日常的に利用しない地元民は意外と知らない）のために、どんなそばなのか解説しよう……と思ったものの、単純に

そばの上におでんの具が乗っているだけ、である。売店に貼り出されているポスターには、さつま揚げが乗っているが、実は玉子2個、がんも2個、がんも1個玉子1個から選べる。何も注文しないと、普通にさつま揚げが乗って出てくるのだ。

実は、このおでんそばがなくなった時期がある。てっきりリニューアルに伴ってメニューから消えてしまったかと思いきや、東日本大震災の影響だったらしい。先述したただ乗っているだけだと思っていたさつま揚げは、被災地である宮城県塩釜市の業者が作った特注品だった。鹿児島産に切り替える話もあったようだが、そばに合う味付けのさつま揚げは、この業者にしか作れないということで、一時販売を中止していたという。意外にも相当のこだわりがある逸品だったのである。

また、かつて「奥多摩そば」だった店名は、2014年に日本レストランエンタプライズとの合併以降、都内JR各駅にある「清流そば」へと統一された。で、店構えが変わった際、一時的におでんそばのポスターが店舗外から消えた時期があった。筆者は、経営母体の事情でおでんそばそのものがなくなってしまったと思ったが、どうやらそれは誤解だったようで、発券機の右端に他のメニューとはちがうフォントでポツンと残されていた。

最後にこれはあくまで主観だが、「清流そば」になってからおでんそば特有のコクがやや不足しているような気がする（さつま揚げの味は変わらないけどね）。昔の味を覚えている人がいたら、ぜひ食べ比べてみてほしい。

第4章
謎ばかりの未開の地 砂川東西地区

近代的郊外型都市を目指すもあるのはフツーの住宅街

砂川エリアはどう見ても田舎

実は立川市ってスゴいんだってという話をひとつしてみよう。どうやら立川は、「インテリジェントシティ」とやらに認定されているらしい。しかも、そのお墨付きを与えているのは日本国。「どこがインテリジェントなのよ？　どう見たって競輪場&ＷＩＮＳの近くは、南武線のもう一方の終点・川崎とあまり変わらず汚い」「北口にはガラのよろしい（？）デンジャラスゾーンも立派に存在していて、ハッキリいってインテリジェンスはない！」というのが市民共通の印象だと思うのだが……。でも実際のところ、その片鱗は、キレイなマンションとか市役所が建つ空軍跡地や、アート作品があちこちにある北口のファーレ立川周辺なんかに見られたりして、その姿は〝インテリシテー〟だったりもする。

確かに、ＪＲ立川駅前の再開発っぷりは立派なものだ。駅の南北連絡通路の人通りの多さ、そして北口の半径２００メートルくらいに並ぶビル群は、一瞬、新宿かと見まごうばかり。でも、そのさらに北側、ぶっちゃけ砂川エリアはどうかという話になると、これが大問題なのだ。「インテリジェントシティ」はおろか、５階建ての建物を見つけることさえ困難。しかも、春一番が吹くと畑の砂が舞い上がって、まあ埃っぽい！

立川民にとって、砂川民の巣窟は（向こうに行く用事もあんまりないから）謎多きエリア。そこでちょっと解説しておかねばなるまい。砂川エリアは立川市の北端に位置し、五日市街道を中心に東西に約８キロ、南北に約４キロと細長く伸びた地域だ。だだっ広い土地に約３万世帯、９万５０００人もの人口を抱える。これは実に立川市の半数以上にも上る。要するに住宅街。〝インテリジェント〟とは無縁の、いわばフツーの〝カントリー〟なのである。

建っている一軒家の価格はいいとこ４０００万そこそこ。家の駐車場に停まっているのは、家族のために奮発した国産のワンボックスが主流。いかにも、年収600万くらいの中産階級サラリーマンが、35年ローンで念願のマイホームを建てましたって感じだ。近代的なデザインの建物が多い米軍跡地に比べれば、見劣りはする。お店だって、駐車場だけがやたらと広いチェーン店ばっかりだし、昼間はチャリの前後に子供を乗せてスーパーへと買い出しに走るオバサンばっかりで、週末の夜中には、EXILEの曲を大音量で流すヤン車（福生方面？）もさっそうと登場。どっからどう見ても、埼玉とか千葉の田舎、ロードサイド風景そのまんまである。

立川のもうひとつの自慢は、周辺の街と比べ地価が高いこと（ハイソな国立を抑え多摩地区堂々の1位！）。でも、なぜだか砂川エリアは突出してビンボー臭い。なんで？　と思うのだが、これにはちょっとしたカラクリがある。

というのも、市内で地価がもっとも高いのはJR立川駅南口の中心である柴崎町で、砂川エリアでもっとも高い柏町でも、その3分の2に満たない。西側の一番町に至っては、半分以下という有り様だ。あんまりお金はないけど、マイホームが欲しい！　という中流さんたちにピッタリな（とはいえ一部には金持ちも住んでるんだけどね）、新住民たちが移住しやすいエリア。とどのつまり、〝インテリシテー〟の立川にあって砂川だけは、絵に描いたような、ごくごくフツーのベッドタウンってわけです。

※　※　※

現在、砂川周辺ではベッドタウン化が進んでいる。新築の一軒家が増え、「いかにもなファミリー層」がどんどん増えているのだ。

遠方からの移住民もいるが、多いのは市内か近隣市からの移住組。配偶者のどちらかが立川出身というミックス型もよく見かける。地元移住組ファミリーは、実家や住んでいたマンションが手狭になったことで新築の購入に踏み切るパターンがほとんど。彼らはそもそもが地元民なので、プライドの高い砂川民とも難なく打ち解けられる強みがある。さらにミックス型だと生粋の移住民との親和性も高く、ＰＴＡなどで生粋の地元民との架け橋的存在になったりもするそうだ。

五日市街道周辺に拡がる砂川のフツーな住宅地。裏路地に入ると車通りも少なくなり、子どもの遊び場になりそうな空き地も多い

砂川のバス停や交差点は、かつての呼称でもある「砂川○番」という表記が多い。西から順に1～10番まで点在する

開発の波が及ばない巨大団地の内情

商店街どころか周辺はシャッター街

ごくフツーの住宅街から、さらに奥地へと足を踏み入れると、突然、いかにも古そうな巨大団地がぬりかべみたいに現われる。そんなある種趣深い光景が見られるのも、この砂川エリアの特徴のひとつ。実は、この点在する団地周辺こそが、立川の真のビンボーエリアといえよう。

まあ、東部の若葉町団地やけやき台団地などは、まだキレイな方だし、家賃相場だって、１ＬＤＫで５万円台からと、この近辺ではちょっと安いっていう程度。ビンボーと呼ぶのもちょっとかわいそうな気もしなくもない。だが、このあたりの商店街は、たいてい一日中シャッターが下りている悲しい店が多く、ましてや喫茶店なんていう気の利いた憩いの場もないし、まともな公園すらもない。団地民のオバサンたちが井戸端会議をするのは、もっぱら敷地内にあるちょっとした遊具スペースくらい。そこに、いつから乗ってるの？　っていうヴィンテージなママチャリを停めて、話し込むのが団地ママさんの日課なのだ（そうじゃないママはごめんなさい）。

ビンボーかどうかはまだしも、砂川東部の団地エリアには、開発の「か」の字すら感じられない。まるで市に見放されたみたいで哀愁すら漂っていて、涙なしじゃ見ていられない。

しかし、まだまだこんなもんは序の口。もうほとんど昭島市って場所にある都営の立川Mアパート、通称M団地はもっとスゴイ！

収入によっては1万円台から借りられるとあって、住民の1割以上が、近隣の工場とかで働く中国人労働者の方々なのだ（中国人がビンボーってことではないぞ）。しかも、残りの九割のほとんどが、現役を引退したご老人ばかりでもう大変！　中国語をしゃべれる人なんているはずもなく、ゴミの分別さえ分かってくれないらしい。そのせいで、退役老人VS中国人というイザコザが起きたりして、さしずめ小さな日清戦争が再燃しているのだ。最近では、日本語教室などを開き、積極的に彼らとコミュニケーションを図る住民たちも増えてきているようだが、まだまだルールを守らない（理解できない？）中国人も多いようで、苦労も絶えないという。思わず「引っ越しチャイナ」なんて、失礼ながらついつい言いたくなるけれども、お金がないのでそれも無理だっていうんだから仕方がない。

こうした、いろいろな問題が発生している団地の存在って、周辺の戸建て住宅の住民が間違いなく眉をひそめるもののはずだが、なぜ放置されてるのだろう。実はここに古くからの砂川民の隠れた思惑があるという、都市伝説みたいな噂があるのだ。

どうやらこのあたりの地主たちは、自らのお膝元である周辺地域に人をたくさん呼び込むために、住宅地として土地を売却したらしい。そのワケは、ズバリ選挙での票集め！　もしそれが本当だったら、貧しい小作農（団地民）に農地（団地）をわけ与える代わりに米俵（票）を取り立てるっていうんだから、まさに平成の荘園制度復活じゃあないのか？　まあ、あくまでも近所のオバサンに聞いた話なんで、信じるか信じないかはアナタ次第ってことで（笑）。

※　※　※

全国の団地と同様に、砂川周辺の団地でも高齢化が進んでいる。結婚を機に息子世代が団地を出てしまうこともあり、高齢化の波はますます勢いを増しているようで、団地内では孤立や孤独死の団地の問題が常につきまとっている。すぐそばに介護施設があったり、介護付きマンションはチラホラ建ち始めたのも、そうした影響があるからだろう。

しかし、高齢者が多いこともあり、中国人の多いM団地をのぞいては、周辺は比較的治安がいい。そのおかげか、ネオンだらけの駅前に住んでいたファミリー層を呼び込む材料にもなっているそう。世の中何が功を奏するかわからないものだ。

老朽化した団地の住民には高齢者が多いが、そんな団地の周辺は不思議と治安が悪くないという

鉄道はあるのに大きく発展しないわけ

手つかずの大自然立川のアマゾンか？

立川再開発の波に取り残された辺境の地・砂川だが、このエリアには、さらにディープな不毛地帯（畑はいっぱいあるぞ）があることをご存知だろうか？西武拝島線沿線の武蔵砂川と西武立川という、はっきりいって23区民は誰も知らない、インディ・ジョーンズも真っ青の秘境駅があるのだ。

実は、砂川地区には6つも駅がある。なかでも、玉川上水や砂川七番など、多摩モノレール沿線の駅周辺は、わりと開発が進んでいて、高層マンションや商店などが点在しているが、問題の西武拝島線沿線の2駅はというと、アマゾン奥地並みに手つかず状態。

武蔵砂川駅を降りると、まず目につくのが畑。コンビニが2軒、スーパーが1軒ポツンとあるが（むしろ違和感があったりするけどね）、マジでそれ以外は何にもナシ！　駅前の道路も、地主がインフラより土地を優先するもんだから、狭いし急カーブが多い。しかもこれでバス通りなんだから、運転手もさぞかしヒヤヒヤもんだろう（腕は上がるけどね）。そのくせ歩道は狭いわ、街灯はありはしないわ、夜は車のヘッドライトと駅から漏れてくる灯りだけが頼り。深夜のひとり歩きは男だってちょっと怖い。まあ、出歩いてもコンビニしかないのだが……。

当初は素通りしていた拝島線が、駅ができて停まるようになったのが1983年。なんでこんな場所に駅を作ったかというと、砂川が熱心に請願したらしい。だからってわけじゃないが、この駅は盛土の上に粗末に建てられている。それゆえエレベーターの建設すらままならない。周辺地域には、腰の曲がったお年寄りがカートを引きながら歩いているというのに、今どき階段しかない。だったら駅を大きくすればエレベーターも作れるだろうに、拡張しようにも用地買収が難しいという。そもそも、この駅を作るために西武鉄道が用地買収できたのは、現在の駅舎部分のみ。地主は駅さえできればＯＫ。余計な土地は手放す気がさらさらない。新住民にとっては不便極まりないので、開発を望む声もちらほら聞こえてくる。このままじゃ、埼玉の秩父あたりのほうがずっと駅前が開けてる、なんてことにもなり兼ねない。砂川が請願したっていうのに、その砂川が土地を出さないなんてアリ？

なんでこんなに地主が意固地かというと、砂川民が元々筋金入りの農民だってことが大きく関係している。しかもトンでもない大地主だったりするから余計面倒。

砂川の有力者には、昔の農村風景を取り戻す活動を熱心に行っている人物もおり、現市長も市民との懇談会にて、「３００ヘクタールの農地を保全していく」とハッキリ明言しているのだ。つまり、この土地は砂川民にとって、大切に育ててきた子供みたいなもんで、40年以上も市政で中核を担っている地主さんたちにとっては、代々受け継いできた農地を売り払って開発するなんていうのは、トンデモない話なのだ。彼らが望んでいるのは、あくまで農村として発展していくこと。ＪＲ立川駅前の近代的ビルなどはまったく必要ない。でも駅舎と駅前ぐらいは使いやすくできないもんですかねえ。

そうそう、すっかり武蔵砂川に夢中になって西武立川の存在を忘れていた。この駅、ＪＲ立川駅と直結してると勘違いして、トンデモない目に遭う立川ビギナーが後を絶たないらしい。いかにも砂川らしいっちゃらしいんだけど。

※　※　※

エレベーターすらなかった武蔵砂川駅が、２０１４年にバリアフリー駅へと生まれ変わった。ようやくエレベーターも設置され、「誰でもトイレ」も新たに確保。さらに改札や窓口も改修されたのだ！　立川駅周辺に住んでいる人にとってはどうでもいいニュースかもしれないが、こちらの近隣住民にとっては生活に関わる重大トピック。腰の曲がったお年寄りはさぞかし喜んでいるに違いない（駅だけで周辺の開発は手つかずなんだけどね）。

一方で、劇的な変貌を遂げたのが西武立川。「アユモシティ」と銘打って、２０１３年に約２５０棟の戸建て住宅と、約１５０戸の大型分譲マンション、さらに大型スーパーのヤオコーができたのだ。２０１７年には新たにマンションも建てられ、「立川のアマゾン」と言われていたエリアが一大住宅地へと変

砂川地区各駅の一日平均乗降人員

駅名	一日平均利用者数
玉川上水	42,159人（西武拝島線）
	23,327人（多摩モノレール）
武蔵砂川	11,687人（西武拝島線）
西武立川	11,129人（西武拝島線）
砂川七番	4,556人（多摩モノレール）
泉体育館	6,224人（多摩モノレール）
立飛	12,246人（多摩モノレール）

※西武鉄道、多摩モノレールホームページ参照。データは2016年

わりつつある。とはいえ、立川中心部より昭島のほうが近いので、どんなに西武立川が発展しても市街地では話題にも上らない。。そんなわけだから、ここ最近は、昭島などの近隣から人が移住してくるケースが多い。

でも、開発されてるのが駅の南側だけで北側は相変わらずのアマゾン地帯。地価は安いから今後の開発や発展に期待できるかもしれないが、大型商業施設の誘致はまだウワサにも上がっていない。買い物はヤオコーで何とかしのいでいるというのが実情だ。

新しくなった武蔵砂川駅。改修される経緯には住民の声を受けた共産党議員などの強い要望があったという

目覚ましい発展を遂げた西武立川駅南口。五日市街道から見ると、原っぱにいきなりデカいマンションがあり、違和感がすごい

砂川の大動脈五日市街道の重要性

道幅も狭いのに崇拝される道

多摩圏における交通の要衝を自称する立川だが、それはあくまで鉄道の話。自動車網に関していえば、う～ん、どうなのかねえ？と首を傾げざるを得ない。だって、立川って正式には1本も国道が走ってないんだから。「あれ、南の甲州街道は？」って思う立川民も多いと思うが、実はあの道、日野バイパスから都道256号線に変わっている。だから都心（本物の方）までを結ぶ主要な道路は、前述した都道に続く新奥多摩街道と五日市街道しかないのだ。

というわけで、五日市街道はエラい！と砂川民はみんな崇拝しているようだ。たしかに、高円寺から拝島まで約42キロを結ぶ道路だから、配送のトラックも多いし、立川の供給を支える重要な道路ではある。それより何より、砂川を東西に結ぶ道路がほとんどここしかないってことが、重要なポイント。このすぐ南に並行して「すずかけ通り」という比較的大きな道路が走っているが、ここは途中から南に逸れて昭島へ向かう。西端の西砂町へと繋ぐのは、五日市街道だけなのだ。つまりはこの五日市街道は、砂川民にとっては連絡道路というわけ。だもの、感謝もするし、崇拝もするのである。

だが、それにしては……（いいづらいが）ちょっと道路がお粗末じゃないか？ライバルと目される新奥多摩街道をはじめ、多摩モノレールの下を走る都道43号線だって、空軍跡地の中央南北線だって片道２車線なのに、いつまで経っても、どこまで行っても片道１車線。幸町や柏町といった東部はまだマシだが、砂川町周辺は、見るも無残な道路の狭さである。終いには、武蔵砂川駅を越えたあたりから歩道の段差もガードレールもなくなる始末。トラックともなると、歩行者から１メートルも離れていないところを通り抜けていくのだから危険極まりない。

注意点はこれだけにあらず。この道路には、ほとんど脇道が存在しないと思った方が賢明。行き止まりばかりなのは、私有地と国有地が複雑に入り組んでいるからなのだが、そんな地主と土地の事情は新住民にとってはどうでもいい話である。まあ、道路事情にまで地主が絡んでくるというのも、ここ砂川ならではだけどね。とにかく信号のある交差点以外は信用しない方が無難だ（Uターンも厳しい道も多いし）。

で、最後に、立川市民にちょっと悲しいお知らせを。この道路は震災時には全面封鎖される。もっといえば、新奥多摩街道も甲州街道も封鎖される。つまり、大地震が来たら、立川市民は市外への脱出が極めて困難になるのだ（泣）。

※　※　※

立川通りや芋窪街道とちがって、五日市街道はいつまで経ってもありのまま（？）の風景を残している。モノレールとぶつかる砂川七番周辺から西側の道幅は狭いままで、自転車事故も多発している。もうちょっと整備が進めば大動脈としての名目も保てるはずだが、まだまだ時間がかかりそうだ。

ただ朗報といえば、慢性的な渋滞に悩まされていた天王橋交差点の拡幅工事が終了したこと。西砂町方面から多摩大橋通りへ右折する車線が新規に設けられたことで、少しはマシになったらしい。たまに利用する程度ではわかりづらいかもしれないが、毎日のように天王橋を通っているドライバーからは「ちょっとよくなった気がする」という声をよく聞く。

五日市街道は交通量が多いのに１車線しかないという決定的な弱点があるため、大規模な道路工事がなかなかできない（しかも道沿いには砂川の名士たちの豪邸があったりするので余計無理）。おそらく今後も「ちょっとよくなった」ぐらいの改修でお茶を濁し続けることだろう。

立川の供給を支える道路というより、砂川の連絡道路といった方が正しい五日市街道

砂川の道路は道幅が狭い。オバサンのチャリがフラフラ運転をしていることも多く、事故が多発するエリアでもある

商都・立川のイメージだが意外と盛んな農業

名産はウド&トマト都内で産出額は６位

多摩地区の大都会タチカワシティ。市民にもそんな矜持が感じられなくもないが、昔話をすれば、このあたり一面は、養蚕のための桑畑が広がっていた。明治時代はもちろんのこと、昭和初期の地図を見ても、多摩川の河岸に水田こそあれ、ほとんどが桑畑だ。

そして今も「立川駅から15分も歩けば確実に畑が増える。宅地化は確かに進んでいるけど、まだまだ農業は盛ん。農家やＪＡの直売所も市内あちこちにあるよ」と、市内で飲食店に勤務する男性がいうように、こと都内では指折りの農業産出額を誇っている。

2006年の農業産出額は10億7000万円で東京都の市町村（23区は除く）で第5位。あきる野市や青梅市よりも上位というのにはちょっとびっくりだ。同年の畜産産出額も1億5000万円で、八王子・青梅・町田・あきる野市と瑞穂町に次ぐ6位にランクイン。

市内の農地（経営耕地面積）は2005年のデータで、約309ヘクタール。これは、市総面積の12パーセント以上を占める。畑面積は年々微減傾向にはあるが、2010年でも市の約12パーセントがまだ畑。再開発はどこ吹く風、農業だってまだまだ元気だ。

特産物は何といっても、地下で栽培された真っ白いウド、立川ウドだろう。ウドはウコギ科の多年草で、数少ない日本原産の野菜であり、英語表記もUdo。立川市では、戦後、それまでの養蚕農家などがウド栽培に力を入れるようになった。一帯は、粘土質の関東ローム層が厚く覆い、ウド栽培に使う室を作るのに適していて、そのため生産農家が増えたようだ。

今では、酢みそ合え、てんぷら、きんぴらといった定番メニューだけでなく、うどラーメンやうどピザ、うどまんじゅうにうど羊羹など、立川市内には「立川ウド」を供するいろんな飲食店がある。他にも、「東京うどカレー」というレトルトカレーなど、加工食品の開発・販売もされている。

さらに近年、力を入れているのがトマトだ。もともと、立川市はトマトのハウス栽培が盛んだったが、特産品として定着したウドほどの知名度がない。そこで2008年、トマト農家が集まって、特産品化へ取り組みを始めた。

これに対して立川市も、地元産トマトを新たな特産品に育てる事業を2009年度から開始。生産農家21人が結集して「立川ブランドトマトP・T（プロジェクトチーム）」を立ち上げた。「立川のトマトはすごい！」をキャッチコピーに、のぼりや販売用の袋を作ってPRしている。

実際、近隣の住民にも好評で「自転車で散歩ついでに直売所でよく買います。ウドよりもトマトのほうが使い勝手もいいですから」とは、国立市内に住む主婦。

他の農作物を見てみると、2005年の作付面積で、サトイモとブルーベリーが都内の区市町村で3位、種苗と苗木類は同1位という堂々のデータがある。

また、日野市内ではぶどう栽培が盛んだが、その主力銘柄である「高尾」は、立川市にある東京都農林試験場で生まれた品種だ。立川は、よその農産物にまで役立っている、というわけである。

が、どの地域でもそうだが後継者問題が顕在化している。2005年時点で、全農家543人に対して過半数の299人が60歳以上、403人が50歳以上を占めており、20代は極端に少ない18人。立川農業の未来はどうなるのか⁉

※　※　※

立川市は「都市と農業が共生する魅力的なまち」をテーマに、農業の保全にも力を入れている。行政資料によると、旧砂川村エリアはおしなべて農業を活かしたまちづくりを進めていくという。つまり、砂川を開発しすぎないのは意図的なものでもあったのだ。

具体的には農家の相続税納税猶予制度など設けて跡継ぎの負担を軽減する一方で、2013年には地産農作物を販売するファーマーズセンターみのーれ立川をオープンした。地産地消をひとつの軸にして農業振興を図っているわけだが、どこの自治体でもやっているようなことなので、砂川の農業が一気に盛り上がるってこともないだろう。

砂川の西部は農業が盛んなエリア。後継者不足は深刻で農家へのアンケートによると約３割しか後継者が見つかっていない

農業をなりわいにする地主の家が立ち並ぶ砂川。砂川がある限り、立川の農業は不滅だ

立川市コラム 4

犯罪が多すぎる立川駅北口の怪！

立川は、何かと「治安が悪い」と言われがちだ。まあ多摩最大の商都なのだから多少犯罪が起こるのはしょうがない。そもそも立川の治安を損ねているのは八王子辺りからやってくるヤンキーのせいだと油断している節もある。だが犯罪発生率（2014年）は立川1・39、町田0・89、八王子0・92と立川がトップ。さらに、立川には他の2市に負けない激ヤバ犯罪スポットがあるのだ。

それはズバリ再開発の中心である北口一帯の曙町2丁目。その犯罪発生件数は441件で、立川市で起こる犯罪の実に2割以上がココで起きているのだ。どれぐらい異常かというと、町田で一番ヤバいと言われている駅南口一帯の原町田6丁目でも396件。八王子に至っては駅前一帯を指す旭町が223件で最多。曙町だけでどんだけヤバい奴がいるんだよ！

どうしてこの辺で犯罪が多いのか、当該エリアにあるバーの店長に聞いてみたところ「いやぁ～ちょっとすぐには思いつかないですね～」とのこと。じゃあガラの悪い客が多いのかも聞いてみたが、「南口とそんなに変わらないですよ」と返ってきた。筆者は普段からどちらも昼夜問わず歩いているが、それらしき証拠のようなものは見つからない。確かに東側にはキャバクラやキャッチのお兄さんもいるけど、それは南口でも同じこと。この一帯だけが異常に多い理由にはならない。しいて言うならば、東側には街灯がほとんどないエリアがあること。怪しい雰囲気が南口よりも濃厚なのは間違いない。でも、その他は大通りだしファーレ立川だし、本当に東側の怪

しさが原因なのだろうか。

この謎を解くカギは犯罪区分にあった。実に441件中340件が非侵入窃盗なのだ。なかでも万引きは138件と最多。商業施設が密集しているから必然的に万引きも増えるというワケだ。しかもこの発生件数は警察が認知している数でもある。だとすれば潜在的な万引きは少なくとも倍以上は起きているのではないだろうか。しかも暴行や傷害に至っては市内の半分以上が北口駅前。ルミネのすぐ下に交番があるにもかかわらず、これだけ犯罪が多いのだから、やっぱり「治安が悪い」と言われてもしょうがないのかもね。

第５章

どっちも負けられない⁉ 立川の仁義なき戦い

多摩圏の覇権を争う立川と八王子

八王子はデカイだけ　中身は立川が上！

400万の人口を有する多摩地区の中心都市はどこか？　にわか立川市民の方々にとっては、どうでもいい話だが、チャキチャキの立川民と行政的には、多摩圏全域に「ウチこそが〝多摩県〟の県庁所在地みたいなもんでしょ」と、声高にいいたいはずだ。それはなぜなのか？　多摩の中心で覇権奪取を叫ばなければ（いわゆる「タマチュー」ってやつ）、誰も気付きもしてくれないからだ。

多摩圏をグルッと見渡すと、立川の立ち位置は実にビミョーだったりする。目の上のタンコブ的存在の八王子が奥にドンと控えているからだ。人口の多さ、ヤンキーの多さ、道路事情では圧倒的に立川の負け。ベッドタウンとしての知名度も然り。さらに追い討ちをかければ、車のナンバーに「八王子」はあっても「立川」はない。

だが、それでもなお「タマチュー」したいのは、それなりの理由があってのこと。まず、駅前の景観からして圧倒的に違う。八王子駅前もまぁまぁ立派だが、あくまで地方都市のそれっぽくて野暮ったい。むしろ、JRと京王線の駅が離れていることが災いし、薄ら寒い空気も漂う。一方の立川駅はどうだ！　乱立するビルやペデストリアンは、さながら近未来都市（表向きだけど）。2001年の「東京の新しい都市づくりビジョン」で核都市に指定されており、ひとつの成功モデルとして高い評価を得ている。もはや基地の街だなんて誰にも言わせない、と無言のアピールをしているようだ。さらに、平成の市町村合併ブーム時の人気度も雲泥の差。福生や昭島、武蔵村山、東大和といった立川属領エリアは、立川への併合を願っていた、という話もある。それに対して八王子は、挙手する自治体すらなかったという……。これも立川の「タマチュー」を物語るエピソードといえるだろう。

だが、東京都民の多くは、八王子∨立川という不等式で見ていたりする。

しかし現実には、立川のほうが格上（と立川っ子は見ている）。それを決定づけるものが、もうひとつある。立川は、西東京エリアの司法、行政、防災の拠点都市になっているのだ。２００９年に東京地検八王子支部が立川に移転。それがきっかけで、東京地方裁判所や東京家庭裁判所、検察審査会などの八王子支部も、立川に雪崩を打って移転した。当然のことながら、弁護士事務所など西東京の法律関係のオフィスも一気に立川に流入することになった。

国の行政機関の支部や出張所を見ても、八王子よりずっと多い。法務省の自治大学校はあるし、東京法務局立川出張所もある。東京入国管理局立川出張所や東京税関立川出張所まである。八王子にある国の行政機関は、労働基準監督署とか税務署くらいなもの（立川にだってもちろんあるぞ！）。そして極めつけは防災だ。もう何度でもいっちゃうが、立川広域防災基地は、多摩圏はおろか国家的危機にも対応できる機能が集積されている。陸上自衛隊立川駐屯地の存在も、防災拠点都市を名乗る上で心強いことこの上ない。日本の最後の砦が立川にあるというのは、立川っ子にとって誇りだろう。

多摩圏の２大都市ともいえる立川と八王子の差が、こんなにも開いた理由はただひとつ。多摩モノレールだろう。この新たな導線が開通した結果、近くて遠い八王子より立川へと人の流れが確実に変わった。このモノレールというピースが立川を真のターミナル駅にしたわけだ。モノレール開通に合わせた再開発に伴い、オフィス街が形成され、大型の商業施設が続々と誕生するにつれ、多摩ナンバーワン都市へと成長を遂げたといえる。理念なき地方都市とビジョンある（ホントか？）近代都市の違いは、実は市民が実感している以上に大きいのだ。

歓楽街の発展度、ギャンブル都市、そしてオトナが集う南口のいかがわしさ。こんなフレーズはすべて立川へのホメ言葉と取っておこう。なんといわれようと、多摩圏の人間は、その東の果ての立川にやってくる。もしくはがんばって新宿行き。「八王子に行くくらいなら新宿へ」それが立川＆多摩民の合言葉なのかもね。

※　※　※

八王子とのし烈なバトルを繰り広げてきた立川っ子たちは、ＩＫＥＡやらぽーと立川立飛の他、立川タクロスなどの先進的なタワーマンションなどが建てられたことにより、完全に八王子を凌駕したと思っている。今や八王子と比較されること自体がわずらわしいほどである。

ただ、立川っ子はどうしてもパッケージだけを重視しがちだ。あれこれ深いことを考えるのは苦手なので、駅前の発展だけで判断している節がある。実際には負けている部分があっても、認めようとしないのは悪い癖だ。

あえて苦言を呈するなら、立川が八王子に勝てない部分は多々ある。たとえば地価。立川は坪単価で約157万円だが八王子は約51万円（ともに2016年）。距離でいえば中央線で10分しか差がないのに、これだけの価格差は異常だ。定住者が増えないという問題を抱える立川にとって、周辺都市との土地価格差は大きな障害となっている。高いからいいってもんでもないのだ。

その他にも教育機関の充実度など、八王子が優れている点は枚挙に暇がない。再開発もいいけど、もっと市民へのサービスに目を向けたほうがいいんじゃないかい？

立川駅前はモノレール効果もあって近未来都市感バッチリ。自転車の路駐は超多いけど

八王子駅前。良い意味でも悪い意味でも、ひなびた地方都市感がぬぐえないのがザンネン

立川と同エリアで紹介される国立の上から目線

一緒にされちゃ困るが頼みは立川のオコボレ

立川の東隣に位置する国立。市名の由来は、中央線の「国分寺」と「立川」の真ん中に駅を作ることになった際、両方の字を取って「国立」という名前にしたため。市内の約3割が文教地区に指定されていて、地区内では料亭やパチンコ屋などの風俗営業ができない。市内には一橋大学、桐朋学園、都立国立高校など学校が多く、芸術家、文筆家、俳優など文化人が多く住み、伝説のアイドル・○恵ちゃんの家があることでも有名だ。

その国立と立川との大きな違いといえば、土地柄から来るイメージに他ならない。国立の某分譲マンションのホームページには「立川のマンションは10

00万～2000万台が多いが、国立は3000万円以上が多く、7000万円超のものもある。地価の差というだけでは説明できない」という趣旨のコメントがあった。要するに国立はお金持ちが住むハイソな街とみんな思い込んでいる。だが、そもそも国立に文教地区ができたのも、立川のトバッチリが原因なのだ。

1950年、朝鮮戦争が始まると、立川の米軍基地にはたくさんの米兵がやってきた。その結果、国立でも米兵相手の旅館や飲食店など、いかがわしい商売が横行し、「これではイカン」と思った市民や学生が中心になって、都の文教地区指定を目指す運動を始めたのが、キッカケなのである。

そんな因縁の歴史がある両都市だが、国立民は立川を下に見る傾向がある。実際に国立住民に話を聞いてみると、「立川は所詮ギャンブルの街。文教地区である国立市とは民度も全然ちがう」という答えが返ってきた。

民度を図る基準はないが、どちらがハイソなのかを知る目安として住民の所得を見てみよう。2016年の納税者1人当たり所得では、国立が約442万円、一方の立川は約363万円。約80万円という衝撃的な所得差だ。立川っ子は、よもやこんなにちがうとは思ってもみなかっただろう。

文教地区だけあって、国立駅前にはパチンコ店などのギャンブル要素は一切なく、ましてやキャバクラすらない。耳に赤えんぴつを挟んで歩いているオッチャンが近寄れる雰囲気ではないのだ。

しかし、文教地区であるがゆえに買い物は不便だ。オーガニックとか輸入専門店みたいなものはあるが、日常的に使える店が少ないのだ。それは国立民も重々承知しているそうで「買い物は立川に出る人が多い」という。

さらに国立には残念ながら飲み屋が少ない。「国立のマダムたちは飲みになんて行かないでしょ」と思うことなかれ。けっこう国立から立川に来て飲み歩いている人が少なくない。さすがに立ち飲み屋では見かけないが、小洒落たイタリアンなどでワインを傾け、ほろ酔い気分でバーに足を運ぶというパターン。また意外にもギャンブルも然り。ＷＩＮＳや雀荘などに国立民はけっこう出没している。

つまり、国立民にとって、立川は〝欲望のはけ口〟的な存在なのである。国立市内ではお行儀よく過ごしているが、いざ立川に突入すれば、むき出しの欲

ロータリーの中心にある時計台。情報が目立ちやすいのはいいけど、あまり景観はよろしくない

望を露わにして遊びまくる。国立民は立川を下に見てはいても、決して毛嫌いすることはない。だって立川が無ければ国立ライフなんて虚しくつまらないだけだもの。

ちなみに、立川民は国立民が大好きだ。なぜなら、お金をいっぱい使ってくれるから。国立と立川は切っても切れない縁で結ばれているのだ。

国立市民の立川観

基本的に嫌いで格下として見ている
立川市民に対してなんとなく優越感を持っている
人が多くてゴミゴミしてて疲れる
立川の人はなんとなく「濃い」
毎日危ない事件が起きているような印象
子供にあんまり行って欲しくない町
行政の財政状況がいいのが実はうらやましい
立川をボロクソ言うがしょっちゅう立川に来て遊んでいる
立川に「西国立駅」があるのが許せない
立川と違ってパチンコ屋がないのが意外に誇り
立川隣接地域の物件を国立といって売り出さないで欲しい
本当は立川のような大規模な商業ビルが欲しかった
若者は別に立川に対してなんとも思っていない
立川市に頼るくらいなら東京都に頼る

※独自調査

国立駅の工事は2020年に完了予定。完成すれば、かつて赤い三角屋根で愛されていた駅舎が復元される

2015年にオープンしたnonowa国立。生活雑貨などのオシャレなテナント店舗が並ぶ。いかにも国立らしい外観だ

立川の本流をアピールする砂川民の結束力

立川が発展したのは誰のおかげですか？

立川市の北側、五日市街道に沿うようにして東西に広がる砂川エリア。駅前周辺の市街地からは約3キロほど離れた、いわゆる郊外。バスでも10〜20分はかかるし、特にこれといって、目玉となる巨大な施設もない。周辺を歩いてみると、一見寂れた印象だ。

しかしだ！　実は、この砂川こそ、立川の地主たちが多く住んでいるエリアなのだ。大正から昭和にかけて養蚕や桑苗業で名を馳せた（現在はウドの生産量が日本一！）、古くからの地主たちが多いが、特に、砂川五番から一番にかけては、元市長やら地方議員たちの立派な日本家屋が軒を連ねていて、立川行政の中枢を握る人物たちが数多く居を構えているのである。

そんな砂川だが、元々は砂川町といって、立川市とは別の自治体だった。合併したのは１９６３年。当時、「砂川闘争」という米軍基地拡張の反対運動に揺れていた砂川町では、立川市との合併に対する反対の声も強かったという。そもそも米軍基地の恩恵を受けていた商業地区の立川市に対して、農民の多い砂川民の一部が快く思っていなかったのだ。しかし、砂川町にも懐柔派と保守派、それぞれの派閥があり、合併拒否を示した当時の町長が急逝したこともあって、合併が実現することになった。

と、これまでの経緯を検証してみると、いかにも立川市に飲み込まれた印象が強いが、合併されてからの砂川民はスゴかった。第８代までの市長は、立川市の本流だった旧柴崎村出身の名士たちが務めてきた。だが、砂川民が議会に参加するようになってからというもの、その後の20年は市外出身者が市長を務め（砂川民が暗躍したという噂が根強くある）、さらに１９８７年から現在まで、砂川出身者が市長の座に就いている。元々土着の農民で、横の繋がりが強いこともあり、結束力はハンパないのだ。現在でも砂川出身者が選挙に出馬すると、

砂川民の立川地区に対する本音

今の立川があるのは砂川のおかげと思っている
自分らがいなければ立川はここまでの発展はなかった
砂川こそが本当の立川だと思っている
もうJR立川駅周辺の開発はやらなくてもいいのでは?
開発では取り残されているような感じだがこれでいい
立川の名産・ブランドは砂川が生み出している
市役所が近くに来たのでよかった
立川地区よりもこっちのほうが市民意識が高い

※独自調査

結託して票を投じるというから恐れ入る。こうして、旧立川出身者が「絶対に勝てない」と漏らすほどの勢いで立川市の行政をぶんどったのだ。

ちなみに、立川市の本流だった南口再開発の陣頭指揮を執ったのも砂川出身者。1972年に、市民参加という名目の立川市駅南口都市改造計画調査委員会が発足。当時の地権者たちの激しい反対に遭いながら、半ば強引に開発を進めていったというのだ。1976年には、東武ストアの建設を着工。南口にあった個人商店は次々と買収され、駅前は巨大資本による店舗が並ぶようになった。立川民は、「砂川のヤ

五日市街道沿いには、地元の名士たちが住まう大きな日本家屋が並んでいる。表札にも同じ苗字が多い

ツらは、あっという間に土地をまきあげてったよ」と嘆き節を漏らす。以降、砂川民による開発は北口にも及ぶことになるのだが、その土地は、なんとすべて旧立川市！　行政も土地もすべて奪い取ってしまったというわけだ。

こうした経緯もあり、どうやら砂川民は「立川を発展させた」という自負を持っているらしい。なかには、「立川市じゃなくて、砂川市にしてもいいだろ！」と豪語する住民もいるほどだ。

※　※　※

時が経つにつれて砂川民と立川民が混じり合っていくかと思いきや、元農民と元商人は、憎しみ合うことはなくても心を通わせることはなさそうだ。立川は栄町あたりで文化も気質も完全に分断されている。

たとえば、旧立川市エリアで生まれ育った立川民に「砂川七番はどこ？」と聞くと半分ぐらいしか正確な場所が答えられない。何十年も立川に住んでいても、砂川エリアには一度か二度くらいしか行ったことがないという人もいる。まあ、農園と家ばかりだから用事なんて皆無なのだろうが、それでも同じ市内でここまで交流がないのもめずらしい（市域もコンパクトなのにね）。

古くからの立川民はいざ知らず、若い世代は砂川の存在を気にかけることもない。立川で秘かに砂川支配が続いていることさえ知らないのだ。目立たないようにして裏で暗躍するのが砂川民の狙いだったらコワいけどねえ……。

増加する新住民と旧住民のドライな関係

新しい血がどんどん入ってきている

ベッドタウンの規模としちゃ、はるかに八王子に及ばない立川。とはいえ、今後は法人税だけではなく、住民税の部分での税収アップを見込んで、人口をもっと増やしたいのが市の内情だ（と思う）。

とはいえ、広大な土地を擁する八王子と比べれば、住宅として開発できる土地も限られているので、そうそう急激に人口は増えない。だが、実際には２００５～２０１０年の５年間で約７０００人の増加と、毎年１０００人ぐらいの規模で増えている。これは、同時期の人口増減率で八王子よりも若干上なのだ（というか八王子の人気がガタ落ちしてるんだけどね）。

立川市の転入者数は毎年1万人程度で推移している。その一方で、転出者は9000人程度いるので、トータルした人口の増加数はそう多くないのだ。しかし、よ～く考えてみると、毎年1万人程度の人たちが、立川に住みたい、住もうと思ってこの地に流入している。つまり、新しい血（新住民）は大量に立川に入り込んでいるのである。

その新住民とは、どんな人たちか？　まずは共同住宅に住む若年層の単身者だ。彼らは学生、あるいは会社員だが、学校や職場の都合で立川に住んでいるだけなので、定住意識はない。おそらく転出していくメイン層もここだ。次に比較的年代が若いファミリー層で、2人世帯、あるいは子供1人の3人世帯が多い。彼らはマンションや一戸建てを購入して暮らしているので定住意識は高い。

おそらく新住民のメイン層は、このふたつだろう。このうち単身者は別にして、若年のファミリー層には地域的な問題が発生する。彼らは立川の利便性や自然溢れる環境などに惹かれ（もちろん物件が比較的手の届きやすい値段ということもある）、立川に流入してくるわけだが、住んでみると、旧住民との問題で苦しんだりするケースもあったりするのだ。

東京とはいえ田舎だから地元意識が強い

新住民が住んでいる地域はもちろん全域に渡るが、特に多く住んでいる地域は、ＪＲ立川駅周辺、高松町周辺、ＪＲ南武線の西国立駅の周辺、西武拝島線の玉川上水〜西武立川間あたり。戸建中心の西武拝島線沿線を除けばマンション世帯が中心である。

立川は東京といっても多摩地域である。ある意味、地方と考え方が似ているところがあり、コミュニティを大事にする傾向がある。田舎では新参者が地区の仲間に入らないと、村八分にされたりするのと同じで、ここを無視すると、どうにも生活はしづらくなる。

地方コミュニティとして自治会があるが、それは旧住民（しかも年配層）が主に会を構成している。地域の情報提供、防犯活動、あるいは防災面などなど、自治会の仕事は多岐に渡るが、それを旧住民だけに押しつけていては負担ばかり大きくなり不満も増す。つまり、新住民の協力がないと、両者の軋轢は益々大きくなる。そうした活動に対して完全無視の新住民もいたり、なかには「共働きでなかなか地域活動ができない」「敷居が高い感じで入りづらい」という意見もあり（言い訳のところはあるけどね）、うまくまとまらない。

こうしたことは一朝一夕に解決する問題ではないが、実際は手を取り合ったりしないと、立川という場所柄、防犯・防災面で、安全と安心の確保ができない可能性がある。このことは新住民もしっかりと理解しなければならないし、震災時にコミュニティの大事さは痛感したはずなのだ。

ちなみに立川市の市民意向調査の定住意向についてのアンケートで、「住み続けたい」は立川市の南・中央・北部東地域では85パーセントで、北部中・西地域では75パーセント程度だった。「転居したい」も南・中央・北部東地域では7パーセント程度で、北部中・西地域は10パーセントを超えていた。この数字を見ると、新住民にとって旧住民の仲間意識の強い砂川地域は、環境的に住みづらかったりするのかな、という気もするのだが、どうでしょう？

※　※　※

住みたい街ランキングで人気が急上昇している立川。さらにタワーマンションや西武立川駅周辺の開発もあって転入数は増加傾向にある。しかし、定住しようという新住民は案外少なく、ある程度資金が溜まったら、ほかの多摩地域（八王子や日野など）に住宅を購入するケースが多い。

そうした背景にあるのは、前述したように旧住民の結束力の高さも関係しているのではないだろうか。おそらく地元民はそんなこと意識しておらず、新住民にも快く接しているつもりだろうが、地域イベントなどで頼られることはないし、交流は表面上のものばかり。あくまでお客様としての対応が目立つし、仮に協力しなければ影で何を言われているかわからない怖さがある。

新住民がどれだけ交流を図ろうとしても、結局疎外感を覚えてしまう。う〜ん、この悪循環、何とかならないもんでしょうか？

再開発によって住みやすい街へと環境が激変。都心から多くの人々が立川に移り住む

新住民が心地よく生活するためには、旧住民とのコミュニケーションもときには必要になるだろう

立川市民が快く思わない多摩モノレールからの流入者

たむろするヤンチャな若者から受けるストレス

立川民がどう思おうが、立川は多摩版の池袋や新宿みたいな街（個人的には多分に錦糸町っぽい気もする）である。こんな街だから、周辺からそりゃもう、濃い人種がワンサカと集まってくる。

主に南武線からは博打オヤジ、青梅線からはお水で働くネエチャンが流れ込んでくる。その一方、多摩モノレールは大量の大学生を立川に呼び込む。しかし、その大学生は先に述べた通り、現代大学生気質そのままの大人しい学生ばかり。そうした大学生たち同様、立川の若者も昔と比べて、ずっと落ちついて静かになったといわれる（一部ヤンチャ君はいるけどね）。60～70年代に「立川グループ」が跋扈（ぼっこ）していたり、80年代に地元学生が抗争を繰り返していた時代とは様相は変わっている。

ただし、パッと見、立川の若者が今でも落ちついて見えないのは、周辺地域（もちろん多摩地域）からやってくる、ヤンキーが立川をまるで地元のように闊歩しているからである。

多摩のこうした若年アウトロー全般の生態などは、後述するが、こうした若者たちの流入を快く思っていない立川民（特に新住民）は多い。特に子供がいる家庭は、駅周辺にたむろする彼らに、たとえ実害は無くとも恐怖心を感じ、かなりのストレスになっているという。

で、こうしたヤンキーたちを、現代気質の大学生と共に運んでくるメインの導線が、多摩モノレールだというのだ。

だが、ヤンキーを立川に送り込に繋がる青梅線、府中に繋がる南武線を想像すると思う。が、このあたりからは単なるヤンキーではなく、走り屋のとんがった連中がやってくるのだ。当然だが、彼らは電車なんてまどろっこしいものを移動手段には使わない。

モノレールがヤンキーの新たな導線に⁉

では、多摩モノレールを使うヤンキーたちはどこから乗ってやってくるのか？実はその供給先が「多摩センター（以下：多摩セン）」だという話を聞いた。

多摩センは、多摩ニュータウンの開発区域にある。だだっ広い多摩ニュータウンでは、八王子市域や多摩市域、などのエリアに分けられているが、こうしたエリア分けによって、当然その地域を縄張りとするヤンキーグループが形成される。で、そのなかの多摩市域のヤンキー連中が、多摩センから多摩モノレールで立川に遊びに来ているというのである。以前なら八王子や相模原という、ヤンキーやギャングがウヨウヨしている街に向かったはずだが、モノレールという導線の誕生は、多摩セン・ヤンキーの行動範囲をも広げた。しかも彼らにとっての立川は、おそらく八王子などより屈強なグループがない安住の地であり、何より多摩センの周辺よりも遊び場がたくさんあって、至れり尽くせりのパラダイスなのである。

だが、多摩セン・ヤンキーの将来にも暗雲は立ち込めている。現在、多摩セ

多摩モノレール線各駅の一日平均乗降人員

駅名	乗車人員	駅名	乗車人員
多摩センター	37,036 人	立川南	32,132 人
松が谷	2,486 人	立川北	42,651 人
大塚・帝京大学	7,192 人	高松	7,986 人
中央大学・明星大学	35,461 人	立飛	12,246 人
多摩動物公園	2,289 人	泉体育館	6,224 人
程久保	1,558 人	砂川七番	4,556 人
高幡不動	27,670 人	玉川上水	23,327 人
万願寺	7,772 人	桜街道	6,809 人
甲州街道	8,291 人	上北台	12,669 人
柴崎体育館	4,101 人		

※データは 2016 年。多摩モノレールホームページ参照

ン以南の用地買収が進められており、南下して町田方面、あるいは西の八王子方面へ向かうモノレールの延伸計画が持ち上がっているのだ。そうなると、八王子や町田のコッテコテのヤンキーが、モノレールで立川にやってくるようになり、多摩セン・ヤンキーは立川でのさばることはできなくなるかもしれない。

近い将来、モノレールの延伸で、立川の盛り場が恐るべき抗争の場にならないことを願うばかりだ。

※　※　※

多摩モノレールの延伸計画はいよいよ大詰めを迎えている。2016年の交通政策審議会において、「具体的な調整を進めるべき」と評価されたことにより、当事者の町田市は躍起になって取り組んでいる。

町田は誰しもが知る都内屈指（神奈川？）のヤンキースポット。モノレール延伸の実現はかなり先のこととはいえ、もし実現すれば町田ヤンキーの流入もあるだろう。そんなことになれば、立川VS八王子VS町田の本格抗争が勃発するのでは？　と、いらぬ危惧をしてしまう。

とはいっても、立川の現状でいえば、ヤンキーっぽい見た目の若者はほとんど見かけなくなった。むしろ30代後半～40代前半の「ワルボロ世代」は今も健在。諏訪神社の例大祭で神輿を担ぐ男衆のなかには、パンチパーマのホンモノがいて、なかなか気合が入っている。

箱根ヶ崎までの延伸が計画されている上北台。モノレールの北端で目立つ特徴もないので存在感は薄い

多摩センター駅から町田への延伸計画はこのままいけば実現しそう。再び立川がヤンキーの集合地となる可能性も!?

アウトローがいっぱい？多摩地区ワル事情

暴走族は絶滅してしまったのか？

立川のみならず多摩地域の名物と聞かれて、「暴走族」「ヤンキー」と答える人は、おそらく昭和40～50年代中盤生まれの〝アラフィフ・アラフォー〟多摩っ子だろう。まあ、一昔前といえば、多摩地域はアウトロー的人種の巣窟であり、夜ごと暴走族のクラクションが聞こえてきたものである。ところが昨今、そんな話はとんと聞かなくなっている。

さて、多摩地域の暴走族には「●ペクター」や「●ラックエンペラー」といった、全国的にも知名度抜群の暴走族グループや、立川にもかなり名の通った「●獄」という暴走族グループが存在し、抗争を繰り広げた。しかし、現在の多摩民に暴走族のことを聞いてみても、「どこかで走ってるの?」「それって走り屋とは違うんだよね?」「埼玉のほうに移動したんじゃないの?」など、完全に天然記念物な状態。あんなに隆盛を誇っていた多摩の暴走族は、ホントに絶滅してしまったのか?

そうした絶滅説が流れる一方、2011年の6月には、元暴走族同士の抗争の場に同席した暴力団組員を拉致し、集団で暴行を加えたとして、八王子市を拠点とする暴走族「打越スペクター」の元幹部ら2人を逮捕したというニュースが流れた。捕まったのは元幹部であり、彼が住んでいたのは港区で、八王子とはまったく違ったが、チームの名前が出たということは、おそらく今でも一応存在はしていると考えられる。やはり、暴走族というのは伝統が重視される組織なので、OB連中も愛着のあるチームをそうそう簡単に潰すようなことはしないのかも。とすれば、多摩には多くの暴走族が生き残っている可能性がある? なんて思ったが、どうやらいろいろ調べてみると、それも多少違っていたようである。

単に走り回る集団からより凶暴な集団へ！

どうやら暴走族という組織は、かなり様変わりしているようだ。

暴走族といえば、特攻服にリーゼント。制服は短ランにボンタン。私服はヤクザと見間違えるような怪しいブランド系のファッションという風に、昔は相場が決まっていた。ところが、現在ではそんなファッションはほぼ消滅し、服装は、シルバー、ブラック、ホワイトを基調にしたギャング系、あるいはホスト系が主流となった。これは、暴走族という組織が、街を単車などで走り回って自分たちの存在をアピールするものから、街に出て、暴力によって自分たちの存在を誇示する集団（ギャングやチーマー）に変わっていったことによる。

70年代中盤から80年代にかけて、東京には暴走族の連合体である「●東連合」という組織があったが、90年代にその「●東連合」が抗争や威嚇行為、拉致・監禁を主とした、まるで暴力団のような集団に変貌した。これは東京のアウトロー界では大きな転機となる出来事だったのだ。

もはや、暴走族もヤンキーも、あるいは極端にいえばヤクザも、見た目や、やっていることは大差が無く、かなりボーダーレスな状態になっている。多摩地域も、そうした世の中のワルたちの変化とはもちろん無縁ではなく、なかでも八王子や町田などでは、元暴走族のギャング風ヤンキーがウヨウヨ（チーム名は元あった族の名前だったりする）。一部は単車を駆って、「狩り」に出るなど、一般人に実害を及ぼすケースもかなりあると聞く。そういう意味では、立川には多摩センのワルや地元の一部ワルがいるかもしれないが、街のイメージに反して、この点では意外に平和だともいえるのだ。

※　※　※

立川にはホスト系やエ●ザイル系の格好をした人たちが確かに存在している。ソッチ系の事務所だってある。ただ基本的には一般市民に危害を加えることはなく、主に夜の街で暗躍しているため、立川には新宿や池袋のようなピリピリしたデンジャラスさはない。

それにボッタクリの類いもまったく聞かない。地元民のネットワークが強力なため、そんな噂が流布すれば商売上がったりになるという抑止力が働いているからだろう。また、たまに見かける暴走族っぽい単車も、ほとんどは八王子ナンバーである。半グレの暴力事件も立川っ子が起こしているわけではなく、八王子のワルが立川で、というケースが多々あるのだ。

まあ、むしろごく普通に見えて、意外とキレやすい性格をした立川っ子には要注意である。本人がワルではなくても、ワルと繋がりがあるやつは勘違いしていてキレやすいのだ（立川民はお祭り気質なため、全体的にけっこうキレやすいけどね）。また、陰湿な集団イジメを起こすこともたまにあったりするので、ヨソ者である新住民ファミリーは気をつけた方がいいかもしれない。

立川市コラム 5

境界線が分かりづらい立川！

青梅線の西立川駅は、昭和記念公園の最寄り駅なので、利用したことがある人も多いだろう。この駅は、地図を見ると、立川市と昭島市にまたがっていることが分かる。「そんな境界線上に駅を作ってもいいの？」と思うかもしれないが、こうした境界線上に位置する駅は多くあって、埼京線の板橋駅は板橋区、北区、豊島区の３つの区にまたがっていたり、東海道本線の山崎駅は京都府と大阪府の境界線上にあったりする。そうした場合は駅長室のある場所を所在地としていて、板橋駅は板橋区に、山崎駅は京都府にあることになり、西立川駅は立川市が所在地となる。

山崎駅はホーム上に府境の標識があって、鉄道マニアの名所だが、立川と昭島の境というのはどうにも地味すぎて、こちらはマニアも無反応。それでも、この駅はユーミンの「雨のステイション」という歌のモデルになっており、発

車メロディに楽曲が利用されている他、駅前の歌碑を見に訪れるユーミンファンも多いという。ところが、この歌碑のある場所が問題だったりする。市境にある西立川駅は駅前も非常に入り組んでいて、地図の境界線を辿っていくと、歌碑は昭島市に置かれていることが分かる。そんなこと誰も気にしないし気づかないし、昭島市が「うちのものだ！」って主張しているわけでもない。

さて、場所は変わって、西武拝島線と多摩モノレールの乗り換え駅である玉川上水駅。この駅は、西武拝島線の駅は立川市に、多摩モノレールの駅は東大和市にと、それぞれ違う市にある。実はこうした駅も珍しくなく、たとえば新宿駅も、ＪＲや小田急の駅は新宿区にあって、都営大江戸線の駅だけ渋谷区だったりする。利用者からしたらこれだってどうでもいい話だが、もっとスッキリしたほうが分かりやすいでしょ、普通。

玉川上水駅の近くにある国立音楽大学。キャンパスは立川市なのに、目の前にある講堂は武蔵村山市。このあたりは立川、東大和、武蔵村山の3市の境界。それはとりあえず我慢しよう。でも名前は「国立」ってどうなってるのよ?

国立でいえば、南武線の西国立駅も腑に落ちない。所在は立川市なのに、国立と付く駅名。けれども、中央線の国立駅とはだいぶ離れていて(路線も別だし)、関係性はまったくないのだ。国立と名前を付けて、立川のマンションを売りたい不動産屋にはもってこいのネーミングだろうが、なんで立川には、境界がスッキリしない駅ばっかかりなんだ?

第6章
さらなる再開発で住みたい街へレベルアップ！

住みたい街ランキング過去最高位でも実際は田舎だと思われてる!?

住みたい街ランキングのありがたくない裏側

某不動産サイトで毎年発表されている「住みたい街ランキング」。今や新聞やテレビでも取り上げられるほど信頼度の高いアンケート調査として知られているが、その調査結果（２０１７年関東版）で、立川が見事20位にランクインを果たした。立川にとっては過去最高位で、たまプラーザを抜いて多摩圏トップ。もともと他県での知名度が低いという長年のコンプレックスを抱えてきた立川の地元民は、今回の結果で悲願が成就されたと安堵のため息をついていることだろう。

そこで、立川の立ち位置を改めて検証するために、同ランキングの詳細な調査結果をよーく見てみよう。東京、神奈川、埼玉、千葉、茨城の居住都県別ランキングを分けると、東京都民ランキング６位（前年16位）で、中野や品川、自由が丘などの名だたる街を抑えている一方、他県ではまったくのランク外。同じ多摩圏を共有し、南武線で接続している神奈川県ですら、かすりもしていない。そのほかで立川が上位に選ばれたランキングは「この２〜３年で人気が高まったと思う駅ランキング」10位、「これから人気が出そうだと思う郊外（東京23区以外）の駅ランキング」３位の２つ。これらの結果をシンプルに読み解くと、現在の立川人気は〝東京都民限定〟で〝最近人気が出た郊外の街〟ということになる。つまるところ、他県には特に注目されておらず、都民にとっても郊外でしかないってことじゃないかい⁉　だとしたら、こんなに屈辱的なことはない！

筆者は以前から地元民の「多摩って呼ばれるのがイヤだ」とか「田舎って呼ばれるのが辛い」いう嘆き節を聞いてきた。地元民は立川を東京の一部であり、地方ではなく都会として捉えている。新宿に出てみても強がりなのか本心なのか「立川とそんなに変わらない」と真顔で話されたこともあるほどだ。

その一方で、23区在住の都民に立川住まいであることを告げると、だいたい「遠いね〜。通うの大変じゃない？」という同情じみた返答をされる。これが三鷹や荻窪あたりだと「いいところじゃん」と、まったく反応がちがう。都心住民の間では23区＋武蔵野＝東京で、三鷹から西側はあくまで郊外という意識が根強い。東京メトロが乗り入れる区間までが東京なのだ。この都心との意識格差に対する強い嫉妬とも取れる感情こそ、立川が抱えるコンプレックスの根本だといえるだろう。

ポッと出の郊外都市って言うな！

千葉県の浦安市や市川市も似たようなコンプレックスが垣間見えるが、こちらはそもそも東京都ではないし、むしろ東京に対する服従や畏敬の念が含まれている。また、町田も神奈川だと誤解されることがあり、東京都であることを主張し続けてはいるが、相模原からの移住民も多いし、都心への交通アクセスが悪い影響で、立川ほど東京であることに過剰反応を示すこともない。

逆に堂々と多摩だと言い切ってしまうのが八王子。中世には北条氏や大石氏などの有力武将が統治するなどの深い歴史があり、高尾山という全国区の観光スポットを抱えることから潔く多摩を自負している。

もちろん立川に歴史がないわけではないが、平安時代から江戸時代末期まで治めていたのは立川氏という全国的にはマイナーな氏族で、砂川にいたっては徳川家康が五日市街道を整備して新田開発をするまで集落さえなかった。本格的に発展し始めるのは明治期に青梅鉄道や甲武鉄道（現中央線）が開通してからのことだ。中世から注目を浴びていた八王子とは比べるまでもない。戦前・戦後は軍都としてのイメージが定着したが、これは米軍基地を追い出した経緯からも本音では払拭したいと考えている。中央図書館の郷土史コーナーは、軍の駐留に対して批判的な論調の本ばかりだ。立川には心の拠り所となる歴史がなく、郷土としてのアイデンティティが希薄なのだ。

それが多摩都市モノレールの開通に伴い、周辺地域とのアクセスが格段に良くなったことで、急速に街を整備していった。ペデストリアンデッキもファーレ立川も、1989年にモノレールの都市計画決定が下されてから完成したものだ。1998年に開通してからは風俗店を次々と追い出し、多くの商業施設を呼び込むことで現在の姿を作り上げていった。どんどん都会的な景観に変わる過程で立川は初めて街として注目を浴びるようになる。多摩の周辺地域からは羨望の眼差しを受け、都政からの期待を背負うようになった。こうした周囲からの賞賛を浴びるうちに、再開発を重ねて大都市になることがアイデンティティの大黒柱として確立していったのだ。

ところが、努力に努力を重ねて都会的なまちづくりを進めてきたのにいまだに「郊外」だったり「2〜3年で人気が出始めた」とポッと出みたいに言われると、どうにも納得がいかない。こうなったら意地でも都会だと呼ばせるために、余った基地跡地も近代的に開発してやろうと躍起だ。誰もが来てみたいという街にして、都心の連中に二度と「郊外」とは呼ばせない！　とまあ、そんな都会コンプレックスこそが立川が発展する原動力になってるんだけどね。

駅前のペデストリアンデッキのモニュメントも真っ赤に塗り変えられた。これも来訪者を迎え入れるための立川アートなのだ

タワーマンションができたことで新しく設けられた立川駅の北改札。なぜかここだけ木目調で未来的ではないのはご愛敬

再開発は駅前から基地跡地へ企業誘致はどこまで進んだ!?

IKEAがもたらした待望のにぎわい

1990年~2000年代にかけて、開発は駅前周辺に力が注がれていた。南北を繋ぐペデストリアンデッキの整備や伊勢丹の移転、グランデュオやエキュートなどといった数々の大型商業施設がオープン。そして、新たにヤマダ電機と130メートルのタワーマンションを併設した立川タクロスができたことで、駅前の開発はほとんど完成したのではないだろうか。ダイエー跡地にドンキが入ったり、フロム中武もリニューアルしたりといった細かい変化は今後もあるだろうが、かつてのような大規模な変化が起こることはないだろう。

だが、とにかく開発にうるさい(?)立川民が駅前だけで黙っているわけがない。今はもっぱらファーレ立川の北側にある基地跡地の開発にご執心だ。そもそも１９９４年にまちびらきしたファーレ立川は、タカシマヤを中心としてシネマシティや中央図書館、大手企業ビルなどに加えて、36カ国92人１０９点のアートを設置した「アートと文化の発信地」にする狙いがあった。ところが地元民の反応はきわめてビミョーで、ぶっちゃけ映画館と図書館ぐらいしか用がないというのが実情だった。人の流れはタカシマヤ周辺で途切れ、ファーレ立川から北に伸びる「サンサンロード」という小ぎれいな歩行者専用道路は、駐輪場としてしか利用価値がなかったのだ。

　このエリアに変化が訪れたのは２０１４年。ＩＫＥＡの立川進出が大きな転換点だった。サンサンロードは立川駅からＩＫＥＡまでを繋ぐ連絡通路になり、本来の役割である歩行者でにぎわうようになった。２０１６年には、沿道に立川相互病院や壽屋本社が入った大型ビルも完成。様々なイベントが催される憩いの場へと変貌したのだ。ファーレ立川ができてから苦節20年。アート作品の修復が必要なほどの長い時を経て、ようやく日の目を浴びるようになったこのエリアは、今まさに発展の時を迎えている。

行政のお偉い方々は、悲願成就とさぞ喜んでいることだろう。なぜなら、本当はもっと早く開発が進む目論見だったからだ。実はＩＫＥＡが落札したこの土地、当初は総スカンを食らっていた。２００８年6月に行われた入札は、なんと参加者ゼロ。続く2回目は同年11月の入札で、ＩＫＥＡが手を挙げてくれたのだが、業者の買い取り価格と国の予定価格が大幅に乖離していたためにすぐの着工には至らなかった。それならばと、２０１１年にエリアを狭めて3回目の入札を行ったが、またも参加者ゼロという結果に終わったのだ。

頭を抱えた行政は、ここで企業誘致のために大きな博打に出た。立川市都市軸沿道地域企業誘致条例を制定して、基地跡地の一部エリアでは固定資産税と都市計画税の50パーセントに当たる奨励金を交付するという優遇措置を打ち出したのだ。身銭を切ってまで基地跡地を開発しようとする姿勢に心を打たれたかどうかはわからないが、この条例によってＩＫＥＡの進出が本格化したのは言うまでもない。ちなみに、この条例には「地域活動に貢献してください」「立川市民の雇用創出に寄与してください」などの交付条件があり、毎年実施計画と実施内容を報告しなくてはならない決まりになっている。さらに「基地跡地のにぎわいを創出してください」という要件まで企業側に突きつけているのだ。言い換えれば「金を出す代わりに立川を盛り上げる協力をしろ」という半ば強引な協力要請をするあたり、何かとプライドの高い立川民らしい発想だ。

ちょっとヤリすぎ!?　企業に対するごう慢な要請

条例だけでなく、ららぽーと立川立飛ができる時にも立川らしい〝ちゃっかり要請〟をしている。ららぽーと立川立飛は、ディベロッパーの三井不動産と地元の最大企業でもある立飛ホールディングスがタッグを組んで計画を進めてきたのだが、そのなかで立川商工会から「渋滞対策をオープン前までにしっかり決めてほしい」という入異例の要望が出されたのだ。これに応じる形で、ディベロッパーは店舗周辺に無料駐車場5カ所を設けたり、モノレールで来る客には値引きをするなどの対策をとらざるを得なかった。

ところが、オープンして以降、交通渋滞などまるっきり起きていない。せいぜい駐車場の入り口で多少混雑する程度。それどころか平日は3100台ある駐車場の約半分を閉鎖している。そもそも芋窪街道は、以前から立川通りほど混んではいなかったし、道路幅も広い。ＩＫＥＡとちがってモノレール駅からすぐアクセスできる立地で、こんなドデカい駐車場が本当に必要だったのだろうか。デッドスペースが生まれるぐらいなら、もう少し駐車場を小さくして、他に有効活用したほうがマシ。ららぽーと立川立飛に訪れる子供連れの若い世代から「もう少し娯楽っぽい施設がほしかった」という声をよく聞く。豊洲のようにキッザニアなどを設置すれば、テーマパークとしての側面もできて、もっとにぎわっていたんじゃなかろうか。

もちろん立川を盛り上げたいという熱意はよくわかる。でも、企業側に不要な努力を強いるようなことがあまりに頻発すると、せっかく魅力的な条例があっても、企業が二の足を踏んでしまうだろう。進出する側の都合と利用する客のニーズをもうちょっと考えてみてはどうだろうか？

ファーレ立川からＩＫＥＡに伸びるサンサンロード。かつては閑散としていたが、人通りが増えてきた

立飛ホールディングスが所有する基地跡地。雑草駆除のため放牧されていたヤギはすでに元の動物園に返された

行政も躍起になるオタク文化推しは成果をあげているのか？

商店街も行政もオタクの呼び込みに必死！

再開発によって商都というアイデンティティを獲得してきた立川民だが、歴史的には軍都として成り上がってきたため、文化という側面で胸を張れるコンテンツが少ない。周辺都市に比べると観光資源も乏しく、ギャンブルか買い物、あるいは飲食店目当ての客しか市に呼び込めないという弱点がある。一時期はアートを売りにしようとしたが、まともな美術館すらないのだから、お門が知れている。どんなに背伸びしても結局餅は餅屋。高尚な文化を根付かせるなんて土台無理な話なのだ。

だが、ここに来て立川は新たなカルチャーを根付かせようと街をあげて取り組んでいる。それが「オタク文化」だ。立川は『とある魔術の禁書目録』や『聖☆おにいさん』といったアニメの舞台になったことで、オタクが聖地巡礼で訪れるようになった。某和菓子店で『とある魔術の禁書目録』とのコラボ商品を売り出したところ、飛ぶように売れたそうだ。最初はオタクに騒がれていただけであったが、その評判を聞きつけた立川の名士たちは「これからはオタクだ！」と急に言い出し、アートからオタクに方向転換。市民の意識調査アンケートをもとにまちづくりの案を取りまとめた「立川市シティプロモーション基本方針」で、アニメを立川の強みとして明記するほど、今やアニメは市全体を巻き込んだ一大プロジェクトになっているのだ。

真っ先に動き出したのが商店街。立川市商店街振興組合連合会が先陣を切り、たましんやオリオン書房をも巻き込んで「とあるアニメの連絡会」なる団体を発足させた。立川観光協会もアニメ専用の観光ホームページを設置して、アピールを続けている。また、街頭にアニメの垂れ幕をぶら下げてアピールを始めたかと思えば、自動販売機を萌えキャラでパッケージ。現在、市内の12カ所に設置されており、立川でしか入手できないという『ヤシの実サイダー』（味についてはノーコメントで）も販売している。2013年から毎年アニメ関連のイベントを開催して集客力は年々増している。こうした取り組みが実を結び、年間で6〜7000人の来街者を呼び込んでいるという。

このビッグウェーブに乗ろうと、市は地元民のオタク化を狙って（かどうかはわからないけど）旧市役所をリニューアルして「まんがパーク」なるものを造った。新作や話題作のみならず、『のらくろ』といって貴重な漫画も取り揃えており、土日になると意外なにぎわいを見せている。アートだったりアニメだったり節操がないっちゃないんだけど、オタクに目をつけるとは、立川のお歴々もまだまだ頭が柔軟なのね。

立川のオタク文化を支える壽屋のスゴさ

実は、名士たちがアニメで騒ぎ出す以前から立川にはオタクの聖地と呼ばれるショップが存在した。それが壽屋である。

1947年に玩具店として創業した壽屋は、かつて立川駅北口にあった第一デパートにテナントショップを開店させると、大量生産されるプラモデルではなく、上級者向けに少数生産される組み立て模型「ガレージキット」の専門店として異彩を放っていた。この商品ラインナップには、オタクの本場・秋葉原のショップをうなるほどのマニア向け商品を取り揃えていたのだ。壽屋の人気にあやかろうとしたオリオン書房は、鉄道や軍事に関する書籍を充実させた書店を第一デパートに出店した。さらに同じフロアにはコインショップやポスターショップも続々とオープン。かつて第一デパートから漂っていた独特なサブカル感は、壽屋が源泉となって生み出していたのだ。

第一デパートが取り壊されて、一時的に壽屋の立川店は姿を消したものの、現在はサンサンロード沿いに本社とショップを構え、オタク文化の発信地として再び立川を盛り上げようとしている。「そうは言ってもただのオタク企業でしょ？」と侮るなかれ。壽屋の事業は、世界規模で展開されているのだ。本社ではオリジナルフィギュアなどを開発しているが、なかでもメイン商品となっているのは、あの「スターウォーズ」。しかも、公式の許諾を得て制作しており、海外に輸出もしているというから驚きだ。この実績が認められ、「バットマン」

「パイレーツ・オブ・カリビアン」などの名だたる名作の公認フィギュアを売り出している。さらに、壽屋は伝説的なアニメ「新世紀エヴァンゲリオン」の版権も取得。このエヴァンゲリオングッズは瞬く間に大ヒットした。販路は一気に拡大し、2008年には出版業にも進出。フィギュアやサブカルチャーに関する解説書をはじめ、画集、写真集、漫画などを発行する立川屈指の企業へと成長したのだ。そんな壽屋は前述した「とあるアニメの連絡会」にも参加。立川市公認なりそこねキャラクターとして「ウドラ」のプロモーションも行っている。

今後、立川にオタク文化が根付くかどうかは、こうした行政と地元企業の奮起が必要だろう。まあ音楽や芸術よりは商売っ気が強いし、多人種を受け入れてきた立川には合いそうだ。

サンサンロード沿いに本店を移転した壽屋。世界に通用するフィギュア制作会社で、そのポテンシャルは計り知れない

商店街の街灯に下げられたアニメの垂れ幕。シーズンごとにキャラクターを変更するなど、金と労力をかなりかけている

人口は安定して増えているのに移住民が定住しないワケ

立川に来るのは進学や就職の地方上京組

立川市の人口はおおむね毎年微増しており、２０１６年度は17万9千人を突破した。お隣の八王子ではここ数年減少傾向にあることを考えれば、多摩圏のなかでは健闘している方だろう。特に２０１６年は立川タクロスにタワーマンションができた影響で曙町１丁目がもっとも人口が増えた。ファミリー向けマンションの建築ラッシュが続く西武立川でも住民の増加が著しい。これら2地域ほどではないが、駅南口で単身者用マンション、砂川で新築一軒家もポツポツと建てられており、エリア別に見ても人口が減少しているのは、団地住民が高齢化している幸町、若葉町、羽衣町だけだ。このことからも新住民は様々なエリアに散らばっていて、家賃や通勤などそれぞれの事情に合わせてエリアを決めていると推察できる。

新住民で最も多いのは単身者で、約８万３０００世帯のうち３万６０００世帯にも及ぶ。年齢別の純移動数を見ると、立川に移住してくるのは15〜24歳が格段に多い。しかも、首都圏ではなく地方からの転入が多く、進学や就職による上京組がメインだ。彼らは街の魅力に惹かれてやってくるのではなく、利便性を求めて立川を選んでいるので、居住エリアは必然的に駅周辺になる。当然知り合いなどいるはずもなく、大学の友人はほとんど市外に住んでいる。20歳そこそこの学生世代なら、渋谷や新宿あたりで年の近い友人たち数名でパーリーナイトを過ごすのが基本だが、立川から出るのはそれなりに時間もかかるため、1人でバーや居酒屋（またはキャバクラ）を飲み歩くというオッチャン系ハシゴ酒を嗜む若者が驚くほど多いのだ。

上京組がいかにも地元民っぽい生態になるのは、バイト先が大きく影響している。立川駅前周辺でバイトを探すと、ほとんどが飲食店か居酒屋。しかも、深夜まで営業している個人店も少なくない。こうした店でバイトを始めると、仕事終わりに先輩の地元民に連れられて繁華街の定番ルートを学ぶのだ。半年もすると、パチンコや競馬に繰り出すのは当たり前で、バーのマスターなどとカウンターでテキーラパーティーを興じるようになる。もともと立川への先入観がないぶん、地元文化になじみやすいといえるだろう。

治安というよりもガラが悪い!?

ところが、せっかく地元になじんでも25歳以上になると、立川を後にして旅立ってしまう。立川の転出超過で特に顕著なのが男性は35～39歳、女性は25～29歳の世代。いずれも結婚や出産というライフステージを迎える年齢だ。最も多い転出先は、東大和や日野、調布といった他の多摩エリアだ。物件を買おうと思っても、立川駅周辺のマンションは安くても5000万円と都心よりちょっと安い程度。ファミリー向けの安い物件を購入するなら、砂川などの農村エリアに行くしかない。ところが、砂川エリアは交通が不便だし何より地味すぎる。そもそも砂川なんて場所を知らなかったりもする（柴崎町とか羽衣町生まれでも知らないぐらいだし）。それなればと、親しみなれた立川になるべく近いモノレールか中央線沿線の他市へ移住してしまうのだ。「立川で飲んだり遊んだりしたいのはヤマヤマなんだけど、背に腹は代えられない」というのが本音だろう。

転出するもうひとつの理由としてよく「治安の悪さ」が挙げられる。たしかにワルそうな人はずいぶん少なくなったとはいえ、キャバクラやピンクサロンがすぐそばにある環境で子どもを育てたいと考える親はいるまい。ましてや立川の夜を何年も過ごしていれば、ワルボロ世代の荒い気性を一度は体験しているはずだ。もし同じ世代の子どもがいたら、学校で顔を合わせる機会も増えるし、自分の子どもへの悪影響を考えてしまうだろう。

そこで、実際に結婚を機に立川から東大和に移り住んだ30代男性にどうして転出したのかを尋ねてみると、「立川は楽しくて好きなんだけど、地元民同士の繋がりがハンパない。普段は全然いい人なのに、集団になると急にヤンキーっぽくなってドンチャン騒ぎをするんだよね。ＰＴＡとかヤバそう（笑）」と教えてくれた。こうした地元民同市の強いネットワークは、普段はなりを潜めていても祭りやパーティーになると露呈する。上京組が年を重ねて地元になじんだようでいても、突然相容れない荒々しさがむき出しになるので、ちょっと不安になることもある。「治安が悪い」というより「ガラが悪い」といった方が自然かもしれない。地方からの移住民は、わずらわしい近所付き合いは避けがちで、地元ネットワークに組み込まれることに不安を覚えているのだ。定住するとなれば、この「集団的ガラの悪さ」とずっと付き合っていかなければならないので、やむなく移住を検討してしまうようだ。

こうした理由から立川では25～39歳の転出超過が顕著なのだ。ちなみに、坪単価約350万円の高級タワーマンションに住んでいるのは、もともと立川周辺で財をなしたプレシニア世代のセレブ民が多いのだとか。結局、新住民は転入と転出を繰り返すばかりで新しい血が混じることはきわめて少ない。こうして立川では強烈なプライドを持った地元民の血が濃縮されるのである。

販売中の新築一軒家。販売中の立て看板が1年以上も放置されていることもあり、大型マンション以外は売れ残りもチラホラ

市が管理している公営住宅の入居はほとんどが地元民か近隣都市から移住してきた半地元民だ

立川市コラム 6

江戸時代の面影残る玉川上水

その昔、江戸の人々に飲み水を供給するために造られた玉川上水。東京都水道局の資料によると、１６５３年に工事が始まり、わずか8カ月ほどで羽村から四谷まで、約43キロの工事が終了（当時は人力だから、すごいよね）。多摩川上流から大量の水を引くことによって、人口が15万人以上に膨れ上がり、これまで利用していた神田上水などの上水道だけでは水が足りなくなっていた江戸の町はもちろん、上水が分水されることで周囲の村の開墾も進むようになるなど、江戸はさらなる発展を遂げていくことになる。羽村・四谷間の高低差は92メートルで、計算すると１００メートル進んで21センチしか下がれないというんだから、当時の高度な測量技術をうかがい知ることができる。その工事を担当した庄右衛門、清右衛門兄弟が功績を称えられ、「玉川」姓を名乗ることを許されて「玉川兄弟」となったのは有名な話だ。

立川市の北部を流れている玉川上水は、両岸には緑道が整備され、市民の憩いの場ともなっている。江戸の町に水を届けるという役目は終わったかのように思えるが、まだまだ水路としては現役。羽村取水堰（取水口）からは村山貯水池と小作浄水場に、玉川上水駅近くの小平監視所からは東村山浄水場に水を送っていて、都民の飲み水を供給し続けている。

やがて暗渠となって神田川へと注いでいる玉川上水。実は、純粋な「玉川上水」と呼べるのは小平監視所（小平と名がつくけど所在は立川市）まで。ここから下流は、新宿にあった淀橋浄水場が廃止された１９６５年に送水が止まってしまったが、１９８６年に東京都の清流復活事業によって流れが復活した区間。監視所付近の「清流復活放流口」から流れている水は、昭島市にある東京都下水道局多摩川上流水再生センターで処理された水で、取水堰から取り入れられた多摩川の水ではない。1本だった玉川上水は、今では監視所を境にして別の川になっている、ともいえる。

この監視所付近は玉川上水でもあまりない、水辺まで降りられる場所で、上水の両側でムキ出しになっている関東ローム層の様子がハッキリ分かるし、ここから下流は当時の面影が残っている場所も多い。清流復活のための水道管工事に30億円以上もかかったなんて話もあってビックリするが、歴史的に見ても貴重なものだし、このまま埋められてしまうのであれば、30億で復活も納得できる？（ビミョーかなあ）

第７章

災害から人の命を守る
防災拠点の立川

西の防災拠点となっている立川の実力

防災拠点として立川が向いていた⁉

立川駅の北口から昭和記念公園へ向かい、それを過ぎるとオフィスや行政機関が集まるブロックに行き着く。このエリアはまるで官庁街と見まがうばかりだ。というのも、ここは、関東大震災のような大規模な地震が東京に発生し、政府機能が集積している霞が関が機能不全になってしまった場合、政府の拠点がここに置かれることになっている。つまり、ここは国のバックアップ基地なのである。そのため、政府機関（内閣府、国土交通省、農林水産省など）、自衛隊、消防、警察、病院といった各種機能が当地に結集している。これをして「立川広域防災基地」という。だが、そんな御大層な名称をいただいているが、

その実力はいかなるものなのだろうか⁉

その前に、なぜ立川にこのような防災基地が作られたのか？　米軍基地の返還の後、その跡地を陸上自衛隊の立川駐屯地や昭和記念公園にしたものの、まだまだ土地が余っていたため、ここを広域防災基地として整備しようとなったようだが、土地がただ単に余っていたからといって、こんな大それた施設を簡単に持って来られるわけではは当然ない。立川という場所が、都心からそれほど遠くなく、都心へ物資の輸送がしやすいこと。さらに物資の集積や避難するに適した巨大公園が隣接していること。また、航空機の運用面で、都心部で大規模な火災が発生しても、東京の恒常風方向（夏季は南又は南南西、冬季は北又は北北西）により、航空機の離発着の際に煙の影響を受けにくいなど、様々な利点もあったからである。

東京に巨大地震が来たら都心も立川も一緒！

東京消防庁立川防災基地や、警視庁機動隊などの航空機やヘリコプターは、災害時に人員や物資を迅速に輸送をする上で欠かせないツールだ。そうした輸送手段の発着の場となる立川飛行場は、陸上自衛隊が維持と管理を行い、警視庁・東京消防庁・海上保安庁などの航空基地が併設され、定期的に航空自衛隊の離発着訓練が行われている。そして、この立川飛行場の周辺には、血液センターや食料備蓄倉庫、災害救援物資備蓄倉庫などがあって、緊急時には航空機やヘリコプターを使って、早急に被災地へ輸送できる状態で管理されているのである。さらに、全国のＤＭＡＴの中心を担う災害医療センターもあって、万全の態勢をとっているようにも見える。

ところが、これらの航空施設を筆頭にして、各種施設の老朽化や、いつでも被災活動に入れるようにするために24時間体制で管理・準備するべき人員が十分に確保されていないといったこと、備蓄米倉庫が事業仕分けで廃止されてどうするか、など、今後の課題は多いという。また、２０１１年10月には、官房長官が当地を視察して、「基地の情報処理機器が少し古く、実践的な訓練がほとんどなされていない」という問題点を指摘していった。つまり、現段階で東京に直下型地震が来たら、十分に機能できない危険もはらんでいるわけである。

それより何より、現在ではこの地に防災基地があることの是非まで問われている。超広域に災害が広がった東日本大震災の現実を受けて、政府は、２０１1年5月に、都心からあまり離れていない立川のバックアップ機能が、十分でない可能性がある、という考えを公にしたのだ。代替の施設は、もっと遠くまで離れた場所（たとえば関西）でないと意味がないと気付いてしまった。権力者は逃げ出したいだけ、安全なところに隠れて云々、という議論はこの際は置いておくが、確かに未曾有の震災が東京に発生した場合、霞が関も立川も被災程度はあまり変わらないとも思える。実際、断層が通っているということでは、立川の方がより危険かもしれないのだ（この立川断層の話は次項で）。

関東大震災以来、東京に直下型地震は起きていない。想定はされていると思うが、東日本大震災は、元々の想定をはるかに上回る規模で発生し、未曽有の被害を各地にもたらした。しかしこの震災が、我々に様々な意味での危機意識を高めてくれたのは事実。とりあえず、防災館にいってリアルな災害シミュレーションを体験して、本番に備えてみたら？

震災が来ないに越したことはないが、来たときのためには、備えあれば憂いなし。結局、自分の身は自分で守る意識がないとダメ！　ということなのかもしれない。

※　※　※

昨今の北朝鮮問題の影響で立川ではミサイルを恐れる住民が増えている。広域防災基地ということは、それだけ重要な拠点ということ。もちろんミサイルで狙われやすいのは都心だろうが、それでも八王子よりは対象になりやすいと震えているのだ。加えて福生にある横田基地は米軍の総司令部。あちらに核ミサイルでも落ちたら、こっちだってタダじゃあすまない！　そのとき立川駐屯地の自衛隊は地元民を守ってくれるのか……。心配性な立川民は、ニュースをじっと見守っている。

立川防災合同庁舎。防災の要衝が近くにあるのは心強いが、政府の要人も来るとしたら地元民は二の次になるの？

東京都立川地域防災センター。物資の備蓄や一時的な避難所などの機能を持ち、自家発電設備も設けられている

何かと話題の立川断層ってなんだ？

立川の中心部を横断している断層

東日本大震災が発生して、民間でも大地震への警戒レベルが急激に上昇したこともあり、ここにきて、にわかにクローズアップされているのが「立川断層」だ。だが、この立川断層が発見されたのはけっこう古くて1975年。なんと米軍基地全面返還前には、もうその存在は分かっていたようなのだ。

文部科学省の地震調査研究推進本部によると、立川断層とは、関東山地東部から武蔵野台地西部にかけて分布している活断層帯で、埼玉県飯能市から東京都の青梅市、立川市を経て府中市に至る、全長33キロメートルの断層帯だという。同本部の調査では、将来的に大型の地震が発生する可能性がある断層帯として、宮城県亘理町から福島県の南相馬市にまたがっている「双葉断層」、糸魚川‐静岡県構造線活断層帯のうちの長野県にある「牛伏寺断層」、そして「立川断層」の３つが挙げられている。

立川断層の最新活動時期は約２万年前以降、約１万３０００年以前で、平均活動間隔は１万〜１万５０００年程度と見られている。もし地震が起きた場合の規模の予測はマグニチュード７・４程度。その発生確率は、これから30年以内が０・５パーセントから２パーセント、50年以内が０・８パーセントから４パーセント、１００年以内が２パーセントから７パーセントと予測されている。

これらの確率は、全国の活断層帯のなかでもやや高めの数値だという。東海大地震の想定である「今後30年以内にマグニチュード８程度の地震が発生する可能性は87パーセント」からすれば微々たる数値とはいえ、これは、東日本大震災が発生する以前（２０１１年１月１日を算定基準日）の評価のため、震災発生後の３月11日以後、この確率が高くなっている可能性があるのでは、と識者は述べている。

では、実際に立川市とその付近の断層はどうなっているのか？

立川市の北方では、武蔵村山市の日産村山工場があった西側、残堀川沿いの道路が緩い坂になっていて、このあたりが立川断層付近と見られる。断層はここから南に向かい、武蔵砂川駅の東で西武拝島線を越える。そして次に玉川上水の「大曲り」に至る。ほぼ直線の玉川上水がここで大きく曲がっているのは、ここが断層によって上流側が低く、下流側が高くなっていたため、造営時に高さを合わせるよう迂回させたからである。

大曲りから断層は南下して、陸上自衛隊の立川飛行場の北側を横断。立飛企業と立川女子高校付近を通って曙町に入っていく。そしてほぼ南武線に沿って府中方面に続く。つまり、断層は立川をほぼ真っ二つにしているのである。

じゃあ、この立川断層の存在はぶっちゃけてどうなのよ？　市は識者の声として、直近での地震発生確率がごくわずかなこと、関東大震災で倒壊率が0パーセントだった武蔵野台地の地盤が良いことを挙げ、安全をアピールしている。実際、断層の真上に防災基地を作ったわけで、これも活動周期の関係で数千年は巨大地震が起きないと予測したからだという。つまり、国も移転に際して、断層の存在はすべて織り込み済みだったのだ。

立川断層とされる場所

だが、東日本大震災で、人の予測など自然は軽々と超えていくことがよく分かった。その点からしても安全・安心というのもいかがなものか（危険なんていったらパニックになるけどね）。震災の影響で東日本の断層帯が刺激を受けて、その他の断層帯で地震を引き起こす可能性だって捨て切れないという。もはや断層はこの地にいる限り、切っても切れない存在だ。だから行政は、地震が発生した際の市民救済策を早急に決めておくことが重要ではないかい。

東日本大震災当時は、ギャンブル好きのオッチャンですら立ち飲み屋の話題だったのに、今はすっかり立川断層のことは忘れられてしまった。震災に対して気が緩んでしまったわけではなく、報告がなされたからだ。

※　※　※

2015年、地震学の権威っぽい東京大学の教授が立川で講演会を行った。3年に及んで立川断層を調査したところ、確認された断層は瑞穂町箱根ヶ崎にある12キロの部分のみで、立川に断層は存在しないと結論づけたのだ。そのため、今では箱根ヶ崎断層なんて呼ばれてもいる。

しかし、天災については予想を覆すことはよくあるもの。近くに断層が走ってるのは確かなのだから、安心しきってないで地震対策は忘れない方がよくない？

狭山池を水源に立川断層に沿って南下する残堀川は、玉川上水の開通の際に川筋を変えられた

曙陸橋から北西方向は単なる道路だが、そここそが立川断層が走っている場所である

立川に巨大地震が来たらどうなる？

直下型よりも断層による地震が怖い！

東京を含めた南関東地域にマグニチュード7前後の直下型地震が発生する確率は、30年以内が70パーセント、50年以内が90パーセントなんて恐ろしい予測がされている。こうした予測はなんとか外れて欲しいが、確率が90パーセントなんて「確実に来る」といっているようなもんで、都民はこの先、大地震来襲を覚悟しておかなければならないだろう。東日本大震災の影響で、日本の断層自体が刺激されているようなので、確率は70や90パーセントより、さらに上がっている可能性だってあるし。

内閣府の中央防災会議の被害シミュレーションによれば、東京に直下型地震

（東京湾北部地震、マグニチュード７・３）が来たら、建物全壊棟数と火災焼失棟数が最大で約85万棟。死者は最大で１万１０００人（もし都心西部地震なら約１万３０００人とも）、被害総額が約１１２兆円と試算されている。これだけで済むの？　という気がしないでもないが、地盤がユルユルな湾岸は特に大きな被害を受けるだろうし、荒川沿いなんて建物が全壊する、なんていわれているのだ。

一方の立川のある多摩地域。同じく中央防災会議による「多摩直下地震（マグニチュード６・９）」が来た場合のシミュレーションでは、全壊棟数が約３万１０００棟。死者は最大約１９００人と想定されている。これはこれで被害は大きいが、驚くべきは「立川断層帯地震（マグニチュード７・３）」が発生した場合なのである。

立川断層帯地震のエネルギーは、阪神・淡路大震災の約１・５倍だという。発生した場合、その震度は、立川とその隣接都市、及び八王子と町田、府中、多摩、稲城、川崎市の多摩区・麻生区などで震度7と予測。多摩地域の建物の全壊棟数は約３万５０００棟。死者は最大約２４００人、負傷者は約３万４０

00人に上ると試算されているのだ。さらに、ブロック塀などの転倒数、自動販売機の転倒数は、都心東西部に直下型地震が発生した場合の試算に匹敵する数に上り、落下物を生じる建物数も相当。瓦礫も大量発生と、断層を要因とした地震の威力は実に凄まじい。

防災基地がある街にしては頼りない

で、立川の地震対策だが、立川にはこうした災害が起こった場合の避難場所が指定されており、一時避難場所となる小・中学校30校には生活必需品を備蓄。飲料用の給水タンクも設置されている。さらに防災無線の導入、緊急放送を知らせる屋外スピーカーの設置などの対策をとっているが、まあ、いずれも自治体なら当然やっているべき対策である。市民からは、その他にも見直したり、やるべきことがあるんじゃないか、との声を多数聞いた。

たとえば、「広域避難場所で昭和記念公園を避難場所とするエリアは、平常時で徒歩30分ぐらいかかる場所もある。地震が発生した場合にちゃんと避難ができるのか！」や、「駅前のオフィス街は周囲の街から働きに来ている人が大勢いる。彼らは避難場所など一度も行ったことがないのに、地震が来てスムーズに避難できるのか？」といった声。さらに、「ＪＲ立川駅から北口のビックカメラ前へペデストリアンデッキから降りるには、幅が人ひとり分のエスカレーターのみで、地震が来て人が殺到したら危ないんじゃないの？　何か考えた方がいいでしょ」という声も聞いた。

防災基地がある街にしては、防災意識がそれほど高くない（低い!?）と、辛辣な意見も少なくないが、「防災基地近くの国有地を買ったＩＫＥＡは、将来避難所になるんでしょ？」「そのＩＫＥＡから生活用品なんかも支給されるのかな？」と、新しくできた商業施設を歓迎する声も上がっていた（都合がいい話だけどね）。

とにかく今は、地震発生タイミングが識者の予測する約３５００年後になることを祈りたいが……。

※　※　※

立川の防災意識が低いのは、どんなに時間が経っても変わらない。水害を巻き起こした台風が関東に接近したときも「立川で洪水起きたことなんてほとんどないし」と何食わぬ顔で店をオープンする始末。各エリアで実施される防災訓練は自由参加で、地元との付き合いが深くなければいつ行われているかさえわからない。地元民の話題はもっぱら再開発か新規オープン店のことばかりだ。

ちなみに、ＩＫＥＡもららぽーと立川立飛も今のところ広域避難場所には指定されていない。行政が「地域に貢献しろ」とガミガミうるさいので、もしかしたら好意で開けてくれるかもしれないけどね。

立川断層帯地震（M7.4）が発生した場合の立川市の主な被害想定

建物全壊棟数	3,806 棟		
建物半壊棟数	4,095 棟		
火災焼失棟数	冬 18 時	風速 8m/S	4,592 棟
		風速 4m/S	4,235 棟
	冬 12 時	風速 8m/S	1,774 棟
		風速 4m/S	1,644 棟
	冬 5 時	風速 8m/S	518 棟
		風速 4m/S	481 棟
死者数	冬 18 時	風速 8m/S	265 人
		風速 4m/S	258 人
	冬 12 時	風速 8m/S	189 人
		風速 4m/S	186 人
	冬 5 時	風速 8m/S	237 人
		風速 4m/S	236 人
負傷者数 ※（）内は重傷者数	冬 18 時	風速 8m/S	2,596 人 （561 人）
		風速 4m/S	3,035 人 （552 人）
	冬 12 時	風速 8m/S	2,818 人 （477 人）
		風速 4m/S	2,805 人 （474 人）
	冬 5 時	風速 8m/S	3,066 人 （534 人）
		風速 4m/S	3,065 人 （534 人）

※東京都防災ホームページ「首都直下地震等による東京の被害想定（平成 24 年 4 月 18 日公表）」参照

いくら地震に強い建物を造ろうとも、結局一番安全なのはだだっ広い土地。今後も昭和記念公園の面積は拡大し、最終的には180ヘクタール（現在は約165）まで広げることが計画されている

病院の数は多いが……立川の医療事情に迫る

住民の声を聞くと不安になってくる

こと地域の医療に関して、立川の評判は決してよくない。なにしろ、立川市民でさえすっかり諦めている。ちょっと気の利いた市民なら、お隣の国立市のメディカルセンターなどに行くし、多摩エリアでナンバーワンといわれる、多摩総合医療センター（旧都立府中病院）にかかりたがる。地元には、いくつもの総合病院があるというのに、である。

特に、「救急指定病院や救命救急センター」は数はあってもあまり役に立たない、というのが立川市民のもっぱらの評判だ。妊婦のたらい回しなど珍しくないし、救急車で担ぎこまれた重篤患者でも平気で待たせる。救急隊員のほうがヒヤヒヤするというのだから、何をかいわんや。取材したところでは、今どき専門用語で患者を煙に巻く医師だっているそうだ。どうやら立川の医療現場にインフォームドコンセントという言葉は存在しないらしい。ある病院では、救急搬送された患者が救急車を呼んだことを後悔する、なんて話も聞いたが、笑い話にもならない。他にも、数時間も待たされた挙げ句、診察はたった5分なんて日常茶飯事らしい。セカンドオピニオンを求めて国立や府中や国分寺の病院へ行くのは当たり前になっている。どんだけ暇なんだ、立川民！　という話ではない。病院の対応に問題アリなのだ。

赤ひげ先生もドクター・コトーも仁も、この街にはいないのだろうか？　もう医療に関しては、ヒジョーに香ばしすぎるエリアといえるだろう。

さて、そんな立川の医療事情だが、救急医療を担っている中心的施設が災害医療センターだ。ここは元々、国立立川病院と国立王子病院が一緒になってできた病院で、ネーミングの通り、中心になるのはあくまで災害医療だ。災害やテロ、化学汚染や放射能汚染、新型感染症など傷病者が多数発生し、病院の通常の診療体制では対応できない事案にすみやかに対応するのがメインの仕事。

日本各地にある災害拠点病院のトップリーダーとして、日本の災害医療のセンター的役割を担っているのだ。でも、同病院は地域医療や救急医療も手がけているものの、初診時に紹介状がない場合、保険外併用療養費が５０００円（高っ！）加算される。今は大学病院もこうしたシステムをとっていたりするが、一応独行法とはいえ国も関与しているんだから、もう少し庶民のことを考えてもいいんじゃないの？

医療とか病院とか、命にかかわる現場というのは、キッチリとした対応をして当たり前。ちょっとでも条件が悪かったり、手を抜いたりしようものなら、患者は敏感にそれに反応する。そしてそれは悪評となって地元に蔓延する。今後の立川の医療における信頼回復は、患者に対する真摯な診察を地道に続けていくことかもしれない。

だけど、そもそも立川断層なんて物騒なものがあるというのに、そこにこんな災害医療センターを作ってしまってよかったんだろうか？　もしも仮に直下型地震が来たら免震構造は意味をなさないけど、ホントにダイジョーブ？

※　※　※

2011年の取材時点では、「立川は医療があまりよろしくない」という評判が多く聞かれた。今でも「あそこはヤブ」などと指摘されている病院は、飲む必要のない薬を出したり、たいした病気でもないのにすぐ入院を勧められたりするようだ。

しかし、主に移住民の間で「立川は病院がたくさんあるから助かる」という声も聞かれるようになった。立川は総合病院だけでも4つ（災害医療センターを除く）あり、個人クリニックは駅周辺に密集している。病院と医師不足が深刻な今、地方では診療を受けることすら大変らしい。実際の腕はともかくとして、病院の充実度という点では満足されているようだ。

ファーレ立川の北側に移転した立川相互病院。医局に縛られることのない平等な医療をうたっている

立川駅南口から最も近い総合病院。救急車を呼ぶと、なぜかここに運ばれてくることが多い

立川市コラム 7

ふたつある立川の駐屯地

昭和記念公園の東側に広がる陸上自衛隊立川駐屯地は、元々陸軍の航空隊があったところで、民間の飛行機も利用していた立川飛行場があった場所。そのため、進駐していた米軍から返還されて陸自の駐屯地となってからも、航空隊が所属する駐屯地となっていて、通信や気象観測を行うヘリコプターが中心となって活動している。そのため、戦車がゴロゴロいる他の陸自駐屯地のような物々しさは感じられない。

立川にはもうひとつ、国立市との境（というか一部が国立市）にも陸自の東立川駐屯地がある。ここでは主に、防衛省唯一の地理情報専門部隊が地図や航空写真の作成・測量なんかを行っている。他にも、航空自衛隊の基地（名称は立川分屯基地）や、防衛省の技術研究本部（航空装備を研究する機関）も置か

※写真は東立川駐屯地

れていて、空自の航空中央音楽隊も所属している。「自衛隊の演奏会なんて興味ないよ」というお父さんも、「競馬場でＧＩレースのファンファーレを演奏している」と聞けば、少しは親近感を持てるだろうか。

　とはいっても、他の駐屯地周辺同様、立川でも駐屯地に関するトラブルは多い。立川駐屯地にある現在の立川飛行場は、自衛隊以外にも警視庁や消防庁の航空隊も使用していて、周囲の住民はひっきりなしに飛び交うヘリの騒音に悩まされているし、自衛隊イラク派遣の際には反戦ビラを配布したとして反戦団体の人間が逮捕されたりしている。もっと古くは１９７３年、自衛隊に批判的だった当時の立川市長（阿部行蔵氏）が、勤務のために移転してきた隊員の住民票を受け付けなかった、なんて出来事もあった。立川は基地のおかげで発展したことは事実だが、その代償として、軍事関係の様々なトラブルに見舞われることになったのである。

いろいろなトラブルは起きるけれども、触れ合いの場もある。一般にも開放される立川駐屯地のイベントは、ある筋のマニアには大人気となっている。ここはヘリ中心の駐屯地だから、イベント時には、軍事マニアのなかでも「陸自・ヘリマニア」が大集結するのである。まあ、戦闘機やブルーインパルスが展示飛行を行う航空ショーに比べると、どうしても地味さは否めないが……。

また、立川駐屯地のイベントではないが、昭和記念公園の花火大会も、打ち上げ場所は立川駐屯地だから、立川の一般市民も、ヘリマニア同様、少なからず自衛隊と接点があったりするのである。

第8章
立川の根底に流れる
ムラ気質の是非を問う！

再開発でのアピールは成功足らないのは独自カルチャー

IKEAとららぽーとの偉大な功績

本書では、幾度となく再開発の話題に触れてきた。つい30年前は軍都の香りを残す地方の田舎街でしかなかった立川が、いくら東京都民限定とはいえ「住みたい街ランキング」で20位にランクインするほどの人気を得るに至ったのは、間違いなく駅前再開発のおかげだ。前年の「住みたい街ランキング」から9位もジャンプアップを果たしたのは、明らかにIKEAとららぽーと立川立飛の影響だと断言できる。

これまでも商都として一定の評価を受けてはいたが、あくまで多摩周辺だけの限定的な評価であった。立川の看板だったタカシマヤ、伊勢丹、ルミネ、グランデュオといった駅ビル四天王の功績は確かに大きい。だが、都心の住民にとっては見慣れた百貨店であり、わざわざ立川くんだりまで足を運ぶ必要もない。同じ中央線だったら高尾山の方がよほどプライオリティが高い。特別な用事がないかぎり遊びに行くような街でもなかったのだ（競輪は別ね）。

たとえば、年末年始になると立川通りが大渋滞を引き起こすほど駅ビル四天王のセールは絶大な人気を誇るが、駐車場に向かう車のナンバーを見ると、ほとんどが多摩か八王子だ。一方でＩＫＥＡとららぽーと立川立飛の駐車場を歩いていると、都内の各ナンバーはもちろん、全国津々浦々の地名が踊っている。シーズンでもないのに、宮崎と宮城ナンバーが隣同士で並んでいるときには思わず二度見してしまったほどだ。今はまだ都民にしか「住みたい」と思われていないようだが、魅力的な商業施設を誘致できれば、立川の名前はいずれ全国区で広まることだろう。そうなればもう八王子民から知名度が低いと揶揄されることもなくなるはずだ。

トコトンやり抜く意志の強さは折り紙付き！

立川のスゴイところは商業一辺倒ではなく、広域防災基地というメリットを活かして国立の研究所や行政機関を次々と招き入れて、インテリジェントな側面も強化している点だ。基地跡地の広大な敷地を使って、あっという間に整備された街区は緑が豊かで、茨城のつくばのような学園都市の様相を呈している。かつて千葉県木更津でもアカデミアパーク構想が立ち上がり、山を切り崩して街区を整備しようとしたが、行政側の資金不足も相まって遅々として進まず、周囲にコンビニすらない研究者泣かせのエリアになってしまった。

しかし、立川は開発をすると決めたら、絶対にやり通す。そこには莫大な税金が投入されているはずで、地元民からクレームのひとつでも出そうなものだが、そんな不満を口にする者はまったく見かけない。市議会の議事録を読んでいても、反対を声高に叫ぶ議員はおらず、むしろ期限内にできるかどうかなどを気にする意見が目につく。行政がここまで一枚岩になって、事業に取り組むのは、「再開発こそ立川の総意」という自負があるからだろう。

短い期間で変貌を遂げた街に、都内ではお台場や豊洲などといった湾岸エリアが挙げられるが、ここはもともと居住区ではなかった。再開発というよりも新開発という性質が強く、古くから多数の人種が住んでいた立川とはまったく事情が違う。立川の開発は軍都という悪しきイメージ（少なくとも砂川民はそう考えている）を払拭するため、街の歴史そのものを塗り替えるような途方もない作業だったのだ。いわば、それまでの自分をぶち壊して、新たに再構築していくという苦しみを伴うものである。金銭面の苦労ぐらいであれば、文字通り買ってでもやり抜く強い意志を宿しているのだ。

イメージ先行で迷走する立川カルチャー

今回の「住みたい街ランキング」からわかるように、立川はもう軍都という暗い（？）イメージからほぼ脱却できたといえるだろう。これまでの30年における努力は実を結んだのではないだろうか。そしてこれから迎える30年は本当の意味での「立川らしさ」を身につけていく段階だと思う。

今までの再開発はいわばイメージ戦略であり、街としてのパッケージを取り繕ってきた。「何でも買える」「駅がキレイ」「公共の交通アクセスがいい」という面でのアピールはすでに一定の成果を得ている。しかし、裏を返せば、今のところそれだけなのである。だからこそ、立川で生まれ育った地元民ですら「立川といえば?」との問いに「ウドぐらい」と答えてしまうのだ。本人たちはそれで納得しているようだが、多摩の中心を担う街としてはいかにも心もとない。できればギャンブル以外（これはこれで死守）で立川らしい文化の構築が望ましい。90年代にはアートを推してみたり、今はオタク文化を推してみたりと、その時々によってコロコロと流されやすいのも、よく言えば柔軟だが悪く言えばミーハーだ。文化を築くのは施設とはワケがちがう。地元民にしっかり根付いて初めて、大衆の興味をソソる文化へと成長する。たとえばオタク文化を売りにすると決めたのなら、腰を据えてどっしりと振興を図ってみてはどうだろうか。「とあるアニメの連絡会」の取り組みについて、取材で聞いてみても口々に聞いたことがないと答えていた。まずは地元民に知ってもらうことを優先し、地道に根づかせていくべきだと思う。

2014年にオープンしたＩＫＥＡ。すっかり地元にも根づき、昼間の併設レストンは連日のように満員御礼だ

2015年にオープンしたららぽーと立川立飛。好意的に受け入れられたが、平日の昼は心配になるほど人が少ない

解消されない立川の「南北格差」地元民に愛されるのはドッチ!?

飲みに出たら朝までハシゴ酒が立川流!

立川に住んでいると「南北格差」という問題をよく耳にする。まるでどっかの国のことのようだが、立川では主に駅を挟んだ北口と南口の格差を指している。開発ラッシュで何かと注目を浴びる北口に比べて、南口はペデストリアンデッキを降りると、飲食店とキャバクラだらけの絵に描いたような繁華街。昼から立ち飲み屋でクダを巻いているオッチャンもいれば、明らかにソッチ系のケバいお姉ちゃんも闊歩している。ファーレ立川辺りでは決して見かけない光景が広がっていて、初めて訪れる人はその落差に驚くことだろう。

市のまちづくり基本方針を見ても、北口周辺はショッピングゾーン、ファーレ立川周辺は芸術・文化ゾーン、南口の繁華街は食文化とバザールゾーンとして区分けされている。バザールは闇市が広がっていたかつての立川らしい言葉のチョイスだ。また、食文化という表現で濁してはいるが、実態は松屋をはじめとしたチェーン系のファストフード、あとはラーメン店がメイン。そのほかは個人経営のスナックやバー、居酒屋が点在しており、飲みながら食べる、あるいは酔っぱらった後にちょっと食べたくなるものばかり。絶対的な中心にあるのはやっぱり酒なのだ。

立川民はとにかく酒が好きだ。平日だろうが休日だろうが関係なく、いくつもの店を飲み歩いてハシゴ酒をしている。あまりに飲む人が多いので、毎週金曜日や土曜日は終バスが終わるとタクシー乗り場に行列ができる。忘年会シーズンは2時間待ちも当たり前。そんな時はあきらめて歩いて帰る……のではなく、朝まで飲み明かす方を選ぶのだ。陽が昇りきってバーやスナックが閉店する時間になっても、カラオケに行ったり朝キャバに行ったり、北口にある24時間営業の居酒屋へと足を伸ばすことさえある。移住民からして見れば滑稽に映るかもしれないが、こうした遊び方こそ立川の地元民の本流だといえよう。

ひたすら飲みまくるのは何もギャンブルに負けた憂さ晴らしではない。砂川と合併する前の立川市は、南口界隈の柴崎町や錦町といったエリアが本流であり、こうした飲み歩きが好きなのは、旧立川を支えた商人たちから代々受け継がれたＤＮＡなのだ。立川で商人が生まれたのは、戦後のこと。南口界隈も本来は農村地帯だったのだが、空襲で農地がやられ、食い扶持を失ってしまった。そこで彼らは駐留する米兵をもてなし、チョコレートやシュガーといった当時は高価な品物を裏取引で手に入れ、闇市で売りさばいて生計を立てるしかなかったのだ。こうして米兵を相手にした商売が次第に盛んになり、赤線やキャバレー街が形成され、酒をふるまうようになった。つまり彼らにとって酒は生業の道具でもあったのだ。こうして醸成された夜の文化は若い世代にも受け継がれ、南口の繁華街にネオンの光を灯し続けている。

手つかずのまま残される本当の理由とは⁉

確かに店舗型の風俗店などは行政によって姿を消した。パッケージを気にする立川らしい施策だといえる。ピンクサロンやおさわりキャバクラなどが一部に残っているだけで本格的な風俗はデリバリー型だけだ。しかし、行政側も繁華街すべてを潰したいわけではない。かつての軍都の香りを残すいかがわしいエリアのはずなのだが、バザールなど食文化などと言い訳をして、このまま手を加えずに黙認する姿勢だ。最近ではようやくキャッチの取り締まりが行われるようになったが、黒スーツを着て立っているだけですぐに職質される池袋のような厳しさはない。

なぜこの繁華街は開発されないのか。それは、このエリアが立川民も砂川民も、羽を伸ばせる唯一のオアシスだからではないだろうか。ポマードばりばりの昭和風な60代男性は「立川に飲み屋がなくなったら、みんな疲れちゃうよ。昔っからこうやって遊んできたんだから。飲んでるときは砂川だとか立川だとかは関係ないんだよ」とハイボールをちょびちょびと口に流し込んでいた。この男性は古くからキャバレーなどを経営してきたそうで、繁華街の変遷を間近で見てきた人だ。また、高松町に住み始めて2年の新住民も「こんなに面白い場所は初めてです」と満面の笑みを浮かべる。老若男女、出身も関係もなく交流する場としてこのエリアは重要な役割を担ってきたといえよう。

あえて誤解を恐れずに言うならば、この南口繁華街の遊びこそ「立川らしさ」を残した唯一の文化ではないだろうか。何も軍都の名残を感じるからではない。立川の地元民が親世代から脈々と受け継ぎ、移住民もいっしょに楽しめる唯一といってもいい交流の場。来訪者からしてみれば「南北格差」のように映るかもしれないが、それも当然だ。主に来訪者をもてなすのは北口で、南口は地元民や近隣の市民が「立川らしさ」を感じて癒されるために存在しているからだ。このエリアだけは誰に何と言われようが、ありのまま残し続けるだろう。だって北口はあくまで建前の姿。立川民の本質は南口の繁華街になるのだから。

南口のホットスポット。雑居ビルにキャバクラなどが並んでおり、夜になると店の前を黒スーツのお兄さんでいっぱい

南口の繁華街を抜けると柴崎町。昼間はガランとして静けさに満ちているが、夜になるとヤンキー風男女が増える

マンション族は救世主となるか!?人口流出を食い止めるカギ

若手ファミリー層の流出に頭を抱える行政

もう何年も言われ続けてきたことだが、立川はなかなか住民が定着しない。特に市議会が問題にしているのが、25～39歳のファミリー層が周辺市に転出してまうことだ。何も労働人口の減少を危惧しているわけではない。立川は他県からも就労する人口が流入してくる業務集積都市なので、たとえ20～30代が転出したところで痛くも痒くもないのだ。

問題は子どもの減少だ。全国どこの自治体でも抱えている問題だが、立川は極端に出生率が少ない。2014年の時点で合計特殊出生率はわずか1・23。全国平均が1・42なのでその差は見た目以上に大きい。合計特殊出生率は2・

07を境にして、出産によって人口が増加するか減少するかで分かれるといわれているので、人口流動がない場合、かなりの勢いで減っていくことがわかる。

出生率が上がらない要因としては生涯未婚率の上昇や女性の晩産化が挙げられるが、これは全国でもほぼ同様の傾向だ。もっと問題なのは出産が最も多い世代の女性が減少していることである。全年齢では右肩上がりで女性の数が増えているにもかかわらず、25～39歳の女性だけが2007年をピークにわずか8年間で約14パーセントも急減。出生率以前に出生数そのものもかなり少なくなってしまったのだ。現在は転入者の増加で何とか凌いでいるが、立川市の推計では早ければ2020年には人口減少に転じるとしている。この「子ども生まれない問題」は、いよいよ待ったなしの課題になりつつあるのだ。

西武立川で急増中！　ファミリーマンション族

少子化は日本全体の問題だし、完全に食い止めるのは不可能だ。つまり人口減少をどれだけ先延ばしできるかどうかという問題であろう。その点でいえば立川には少なくない希望がある。市部の至る所でマンションの建設ラッシュが続いており、そこへ新たに入居するマンション族がいるからだ。

たとえば、宅地開発が急速に進む西武立川では、ロータリーで一服しているとまだヨチヨチ歩きの子どもを連れた親と頻繁に遭遇する。立川駅前のマンションに比べて、購入費用も安いため、30代ファミリーにとってはうってつけなのだ。しかも、この近辺は「立川のアマゾン」とも呼ばれたド田舎エリア。ガラの悪い連中はほとんどいない。自然環境も豊か（ただの畑と空き地なんだけどね）なので、子どもを育てるにはプラス条件が揃っている。

こうした子どもを抱えるマンション族を逃さないためには、西武立川周辺の交通インフラを整備することが肝心だろう。何せ最近までアマゾンだったので、まだまだ信号が少ない。マンションを出たらすぐに五日市街道で、子どもを一人で遊びに行かせるのも心配だ。歩道にはガードレールを設けるなどの配慮が必要ではないだろうか。

また、自然が豊かなのはけっこうなのだが、ファミマとヤオコーしかない現状では不便極まりない。日用品は何とか揃えられるからまだいいが、衣料品などは昭島か立川に出なくてはならないので、幼児を抱える家庭は大変だ。駅前のマンションに住む30代ママに話を聞いてみると、「子どもの予防接種が大変。マンションの住所は立川市だけど、ヤオコー内にある小児科は昭島市。わざわざ西武線とモノレールを乗り継がなくちゃいけなかった」そうだ。立川と昭島の市境という西武立川ならではの立地条件に泣かされることもあるらしい。どうも宅地開発ばっかり急いだせいで、細かい部分まで気が向かなかったみたい。周辺の小児科はヤオコーにしかないから、立川市側にもひとつ欲しいところだけど、こんな至近距離に２軒あってもねぇ。

とにかくファミリーマンション族は、女性も子どもも減少する立川にとっては貴重な存在。基地跡地に公園を造る余裕があるなら、なるべく他の地域にも目を向けなきゃね。

プレミアム婚姻届で定住＆結婚意識を高める！

実は、立川駅前の賃貸マンションでも若いカップルや新婚夫婦が増えているそうだ。定住志向は田舎エリアよりも断然低いが、そのうちの半分とは言わずともせめて3割ぐらいは定住してほしいもの。そこで、市が満を持して新たな行政サービスを打ち出した。なんとそれは「プレミアム婚姻届」。普通の婚姻届とはちがって証人のメッセージを記入できたり、購入特典として写真撮影を行ってくれるらしい。ちなみに1枚1000円。内容は明かされていないが提携する店舗で特別な特典も付いてくるそうだ。

本当にこんなんで効果があるのかよ、と勘繰りたくなってしまうが、意外にも評判は上々。定住に繋がるかどうかは別として、若いカップルに向けてイメージ向上にはある程度効果が出ているという。

結婚すれば定住するっていうわけでもないし、まずは立川を好きになってもらうことが先決だからサービスとしてはいいかもしれない。さらに市で検討段階に入っている結婚新生活支援事業費補助金制度が実現すれば、かなり効果が期待できるかもね！

西武立川駅前のヤオコー。周辺の新築マンションに住むファミリーにとってはココだけがライフライン

マンション族に多い30代ファミリー層。この世代が定住してくれるかが立川の未来にとっては重要なポイント

「治安の悪さ」はいまだ払拭できず子供を取り巻く環境整備が課題！

立川のガラの悪さを象徴する旧ヤンキー世代

立川はとにかくクリーンなイメージを打ち出して多摩チューとしての存在感をアピールしてきた。再開発では近代化を目指し、指摘された放置自転車も喫煙所も改善した。来訪者や移住民が快適に過ごせるよう即座に対応するスピード感はなかなかのものだ。しかし、いまだに「治安が悪い」という最大の問題点は手つかずのまま残されている。

立川市と統計数理研究所が協働プログラムとして行った1万人調査では、今後重点的に取り組むべき課題として約24パーセントが「快適な生活環境や安心・安全なまちづくりへの取り組み」を挙げている。さらに立川の魅力について尋ねた項目では「人柄のよい人が多い」は、わずか１・８パーセント。２４１頁で述べたように「ガラが悪い」というイメージが完全に定着してしまった。若い世代は信じられないかもしれないが、およそ20年前には「中学校の校舎内にバイクで突っ込んで登校してた」という証言もあるほど、まるで昭和のヤンキー漫画のような光景が実際に繰り広げられていた。その悪名は周辺都市にも広がり、八王子や町田とともに指折りのワルエリアに数えられるようになった。この頃に定着した強烈なイメージを払拭するのはなかなか難しいようだ。行政はキレイなまちづくりを実現することで軽減しようと試みたものの効果は薄く、具体策を打てないままでいる。

いわゆるガラが悪いと言われているのは、立川が荒れに荒れていた時代に思春期を過ごした30代後半～40代前半だ。普段は作業着を着ているためパッと見ではわからないが諏訪神社の例大祭になると、わかりやすい絵が掘られた腕を露わにして神輿を担いでいたりする。「今じゃ丸くなったよ」なんておどけたりするけど、コワいものはコワい。苦楽を供にして理解ある地元民だからこそ受け入れられるのであって、移り住んできたばかりの学生が見たら絶対にヒく。

移住民が昭和記念公園の花火大会、地元民が諏訪神社の例大祭と、立川の二大夏祭りで客層がガラリと変わるのは、例大祭ではガラの悪いセンパイをあちこちで見かけることが影響しているのだろう。

行政は街の景観を改善することはできても、さすがに住民のルックスまでは変えられない。祭りで見かけるようなセンパイたちは地元愛が強く、根は悪い人ではないのだが、いかんせん育ってきた環境を外野がとやかく言うこともできないし、しばらくは「治安が悪い」「ガラが悪い」という評価と共存していくしかなさそうだ。

健全な立川っ子を育む環境づくりが急務！

こうなったらセンパイたちはあきらめて、これから大人になる立川っ子がフツーになるように取り組んでいくしかあるまい。「そういうウワサは全然聞かなくなりましたよ」と地元民は語るものの、心配なので市内の少年の刑法犯を調べてみると、２０１４年でわずか26名だった。しかもこの数字には大学生も含まれるため、立川少年はずいぶん丸くなったといえるだろう。

ところが立川警察署によると、中高生が振り込め詐欺に加担するケースが急増しているという。検挙されたうち約２割が少年なのだとか。こうしたケースでは、ほとんどが受け子という現金を受け取る役をやらされて検挙されている。彼らは、不良グループの先輩などに勧誘されてアルバイト感覚で犯罪に手を染めているらしい。なかなか検挙できないのも振り込め詐欺の特徴で、潜在的にはもっと多くの少年たちが犯罪行為に手を染めている可能性は否めない。ヤンキーのようにわかりやすい非行というよりも、見た目はごくフツーの少年たちが知らず知らずのうちに犯罪に巻き込まれるという構図が、最近の少年非行の特徴なのだ。

このようなケースでは、親も周囲も少年の変化に気づけないのが難点だ。だったらバリバリのリーゼントにしていたり、チャリを改造してくれた方がよっぽどわかりやすい。こうした表面化しづらい現代型非行少年は、パッと見のガラの悪さはなくなるだろうが、人格形成に与える悪影響は甚大だと言わざるを得ない。今のところ即効性のある予防策はないが、警察などは地域コミュニティの連携強化によって、未然に防ぐことが可能ではないかと指摘している。いわゆるご近所付き合いだ。少年の非行がどんなに目に見えづらくなっても、ウワサというのは、どこかで広がりやすいもの。特に悪い評判は一度火が立つと、井戸端会議などを経てあっという間に地域を駆け巡ったりする。だが、地域コミュニティとの関係が希薄だと、こうしたウワサを聞き逃してしまう。特に移住民は古くからの地元民になじみにくく、自治会の参加率が50パーセントを割り込んでしまったことからも、コミュニティの断絶は明らかだ。

このような問題を解決するためには、まず旧住民が地域で浮いてしまっている家庭を受け入れ、目を配らせていくことが肝心だろう。旧住民はオープンなつもりでいても、肝心なところで結束するのは古くからの知り合いばかり。本人たちも意識しないところで、移住民に対して理解しがたいものという偏見が働いてしまい、密なご近所付き合いを阻む要因になっている。ここはひとつ旧住民が大きな心を持って、積極的に移住民とコミュニケーションを図っていってほしい。それが立川を担う子どもを健全に育てる環境づくりへの第一歩だと思うのだが、いかがでしょう？

柴崎町中央公園は土日になるとフェンスで囲まれて入ることができない。昼間から酒盛りをする輩が大騒ぎするためだ

立川で最もインテリな立川高校。こんな優等生でも振り込め詐欺犯罪に巻き込まれる可能性はゼロではない

「住みたい」よりも「住みやすい」ムラ気質から脱却するのは今!

立川で交錯する3つの想い

さて、ここまで立川の強みや問題点について触れてきたが、ラストに包括的な未来への展望を論じてラストとしたい。

今回、取材をする上で「住みたい街」と呼ばれることに地元民たちはどのように感じているのかを中軸に据えて取材を進めてきた。さぞや誰もが喜んでいるだろうと想定していたのだが、意外な反応が返ってきたりして驚いた。様々な意見があったが、回答の傾向は①「20位ぐらいじゃ満足できないな」②「そうなの？　いいんじゃない？」③「スゴい！　うれしい！」という3つの傾向に分けることができた。興味深いのは、この結果がほぼ立川における人種の差を示していることだ。

冷静に受け止めているのが①の回答をした古くからの砂川民。市制の中枢を握る彼らは北口と基地跡地の開発に最も尽力し、軍都というイメージを忌み嫌う人種である。20位では満足できない地元に対する高いプライドが垣間見える回答である。こうした傾向は一部の柴崎町民に見ることもできた。こちらも名士が多く、積極的にまちづくりに寄与してきたからであろう。彼らは立川が本気で都心にも負けないブランドになれると信じてやまない。

まるっきり興味がなさそうな②は、主に繁華街で飲み歩く立川民である。年齢的にも30～40代に多い印象だった。何も地元愛がないわけではない。むしろ話を聞いていると立川以外に住んだことがないチャキチャキの立川っ子である。子どもの頃から立川で何でもできるという恩恵を受け続けた結果、都心への関心が低い。こうしてランキングされても他の街を知らないので、まったく実感が湧かないのだろう。

そして最も喜んでいた③の回答をした多くは移住民である。彼らは地域との繋がりが薄いせいか立川に懐疑的だ。だから、たとえ気休めでも立川を褒められるとホッと安心するのだろう。加えて移住民は立川の暮らしのなかで若干の疎外感を覚え、地域との関わりに少なくないストレスを抱えている。今にも立川を嫌いになりそうな状況の中で、客観的な視点による高評価を受けたそのギャップのおかげで喜びもひと際強いのである。ちなみにWINSにいたギャンブルオッチャンたちは、よもや「住みたい街ランキング」すら知らなかったので割愛させていただく。

迷走を始めた再開発を救うのは移住民⁉

なぜ人種の話をしたかといえば、これからの立川にとって重要な課題が含まれているからだ。立川は際立つ歴史や観光資源がなく、軍都というアイデンティティをぶち壊してきたため、街としての軸が弱い。だからこそ再開発を心の拠り所として盲目的にまい進してきた。その先導役となった①のような土着民たちは、今も自分たちのポリシーが正しいと信じ込んでいる。その一方で②のようなパリピ的立川っ子たちは、街としてのビジョンがない。飲み歩きという文化にドップリ浸かり、どうやって楽しく酒を飲むかしか考えていないのだ。

これまでの立川を支えてきたのは、間違いなく①②の人種だが、このままではせっかく築き上げてきた魅力が損なわれかねない。というのも、ここに来て再開発が迷走しかけているのだ。すでに商業施設はオーバーフロー気味で、駅ビル四天王は公然と不満を口にするようになった。そこで、今度はバスケ専用のアリーナやコンサートホールの建設に着手。さらに、緑豊かな街を目指してやたらと小さめの公園を乱立させている。旧住民の開発に対する熱意は目を見張るものがあるが、ハコモノばかりに頼り、本当に必要かどうかの検討が甘いのは悪いクセだ。ファーレ立川が20年も苦節の時を過ごした反省がまるっきり活かされていない。

そこで、これからの立川に必要なのは③のような客観的な視点ではないかと思う。移住民を立川に定住しづらくしているのは「治安の悪さ」だけではない。それはまちづくりに参加できない疎外感ともどかしさがあるからだ。ここで、とある幼稚園で起きた話をしよう。その園には行事に必ずといっていいほど参加する「お父さん会」のようなものが組織されており、各家庭に参加の意思を問うプリントが配られる。興味を抱いた一人の移住民は、参加することにしてみた。行事に呼ばれて、いざ現地に行ってみると、そこでは何もやることがない。地元民たちがあらかじめ下準備しており、移住民は受付ぐらい。結局愛想笑いをするだけで終わってしまった——実はこれ、筆者の体験談である。その行事に参加するのは3度目だったし、いろいろと改善するアイデアなども考えていたのだが、結局それが活かされることはなかった。同じような体験をしている移住民の話はよく耳にする。諏訪神社の例大祭で神輿を担ぐ男性は「神輿に参加するのは親が立川生まれって人しかいない」と断言しているように、旧住民は移住民と何かを作ろうとする意識がまったくない。定住してほしいとは言いつつ、肝心なところで「一見さんお断り」なのだ。怒られることを知りつつあえて苦言を呈するが、いかにも田舎のムラっぽい発想じゃないか？

今がムラ気質から脱却する絶好の機会！

客観的な視点がないから、西武立川というド田舎で赤ちゃんを抱える若いママさんが予防接種を近所で受けられないという悲劇に遭遇したりする。ららぽーと立川立飛が建設されたときだって、ことさらに渋滞を気にしすぎて、駐車場のほうが目立つようないびつな施設になってしまった。若いファミリー層は子ども用の娯楽施設があった方が良かったと嘆いている。昭和記念公園があるという反論もあるだろうが、入園料もプールも公園のわりに高すぎる。せめて駐車場ぐらい無料にしてくださいよ。

何も地元の連帯感が強いことを責めているわけではない。今後、子どもが少なくなることが予測されるなかで、若手ファミリーの定住は大きなテーマだ。確かに行政も対策を取ろうとしているのはわかる。市内の全小中校で実施されている独自のカリキュラム「立川市民科」は、子どもたちに地域について学び、関わり、貢献することの大切さを教える目的で導入した。子どもたちに立川市民である意識を身につけてもらおうというものなのだが、その内容は地元の人の戦争体験を聞いたり、防災訓練の救命講習だったり、地域の清掃だったりというか、これってタダの体験学習じゃん！　もし仮にこのカリキュラムで子どもに立川愛が育まれたとしても、移住民の親を立川にとどめるような対策にはならない。本来なら、移住民が親子で地元民と心から交流できるような機会を増やすような対策を考えるべきだ。

何につけても地元民の高すぎるプライドが、魅力的なまちづくりの障害になっているような気がしてならない。今も幅広い意見を求めると公言してはいるが、実際には地元民の意見ばかりが反映されやすい。土地が余っているのならアリーナもコンサートホールも作ったっていい。でも、今の立川に足りないのは、ハコモノではない。現在暮らしている人々に何が不足して何が余分なのか、住民の視線に立った市民サービスを考えていくことではないだろうか。せっかく「住みたい」と思っても、実態が「住みにくい」では先行きは暗い。地元民ほどの強烈な愛情ではないが、移住民だって立川が好きなのだ。

まずは、地元民がムラ社会的意識から脱却することが先決だ。そうして心から移住民を受け入れたとき、立川はさらなる飛躍を遂げるに違いない。

立川タクロスのタワーマンションに住んでいるのは立川や周辺都市のシニア層。十数年もすると空室ばかりになるかも？

あとがき

2011年に刊行された日本の特別地域『東京都立川市』を文庫化するにあたって、再び市内のあちこちを取材して周ってみたのだが、これが非常に楽しい。前回はまだ筆者が立川に移住して2年ほどで、正直なところこの街の本質がまだぼんやりとしていた。あれから7年。立川で様々な人々と出会い、たくさんの時間を共有するうちにすっかり立川民気取りになっていたのだが、改めて取材をしてみると、まだまだ知らない魅力をそこかしこで発見できた。

市内で最も劇的な変化を遂げたのは西武立川駅だ。某番組のようにビフォーアフターの変わりようがハンパない。見渡す限りの原っぱも壮観だったが、まったく同じ造りの家がズラリと並ぶ光景もなかなか味がある。遊び場が少ないから、ロータリーでは赤ちゃんの手を引くお父さんお母さんが散歩をしていて、ほっこりする。原っぱの頃はチャリを漕ぐ中高生か腰の曲がったオバアチャンばっかりだったのに、完全に生まれ変わっていたのだ。当たり前だが、街が変われば人も変わるものだと感慨深く取材させていただいた。

踵を返して多摩モノレールで立川駅前に向かう途中、窓から街の様子を眺めているとららぽーと立川立飛の脇に「立飛ビーチ」なるものを発見！　なるほど、「立飛」をローマ字にすると「TACHIHI」。一見するとタヒチと読めなくもない。それを狙ったかどうかはわからないが、上から見ると駐車場とか工場に囲まれていきなり砂浜が出てくるもんだから、申し訳ないが思わず吹き出してしまった。

立川駅南口に戻ってくると、「帰ってきた」と安心感が湧き上がるのはなぜだろうか。普段からこの界隈で飲み歩いているからか、出身でもないのにこのゴチャゴチャ感が愛しく感じられるのだ。新宿のゴールデン街とか吉祥寺のハーモニカ横丁のようにきちんと区画整理されているわけじゃないから、スナックもバーもラーメン屋もアチコチに点在している。歩いている人種も安定のネオン感がたっぷりのお姉ちゃんから、いかにも上京したてと思われる学生まで多種多様だ。ココは何年経っても変わらない。この変わらなさが不思議な安心感の源なのだろう。

そのまま柴崎町のほうへ抜けて諏訪神社に向かうのだが、この界隈は錦町辺りのにぎわいと比べると、例大祭のときの喧騒ぶりがウソのように閑散としている。かつて立川のメインストリートを担っていたのも今は昔。ところどころアーチの文字が剥げていたりして、ひとつの時代の終わりを感じずにはいられない。飲食店もまばらだし、いっそ「オタクロード」にでもしちゃえばいいんじゃなかろうか。ただ、夜はヤンチャなオヤジが闊歩しているからオタクにはハードルが高いかも……なんて、いろいろと思いを馳せてみたりもした。

このように市内を北から南まで下っていくと、「南北格差」が広域に及んでいることがよくわかる。かつてアマゾンと呼ばれた西武立川に大型マンションを備えた街区が生まれ、対照的に柴崎町周辺では築30年ぐらいだと思われる一軒家や学生向けの低層アパートばかり。歩いている人種もＩＫＥＡ周辺は子ども連れが目立つものの、柴崎町以南はママチャリで快走するオジサンオバサンがメイン。かつて立川市の中心地として市役所があった錦町周辺も空きテナントが散見される。マンション開発はいくつか進んでいるものの、立川タクロスや西武立川と比べると、小粒感は否めない。おそらく10年もすれば、南北格差はより顕著になるだろう。

公園のベンチに座っている80代くらいの思われるオバアサンは「変わった変わったって騒いでるけどねぇ、本当はな～んも変わってなんかないよ。見てくれだけ。そんなにすぐ心がコロコロ変わるわけないじゃないか」と語ってくれた。あきらめているようでいて、心には一本の太い幹がある。そのオバアサンから、そんな印象を受けた。

ヤンキー御用達の某有名漫画に「国とは人である」という名言がある。言い得て妙とはまさにこのことだ。再開発で街がどんなに姿を変えても、人の心が変わるわけではない。どんなに近未来的な施設ができて、外野がどんなに「住みたい街」だと言おうが、いい意味でも悪い意味でも立川は立川なのだ。その点で、やっぱり真の立川らしさは田舎っぽさ満点の砂川周辺だったり、由緒正しき諏訪神社周辺にあるのだと思う。

そんなことをつらつらと考えながら再び南口に戻り、行きつけの焼き鳥屋の暖簾をくぐってビールを注文した。そして、心の中でこう呟きながらジョッキを傾けた。「立川に乾杯！」

鈴木ユータ

参考文献

・宮岡政雄ほか
『砂川闘争の記録』御茶の水書房　2005年
・保坂芳春
『立川の地名』立川市教育委員会　1988年
・立川都市建設部都市計画課
『写真でみる立川の街づくり―あゆみと今―』立川都市建設部都市計画課　2001年
・三善里沙子
『中央線なヒト―沿線文化人類学』小学館　2003年
・ゲッツ板谷
『板谷バカ三代』角川書店　2003年

・ゲッツ板谷
『ワルボロ』幻冬舎　２００５年
・今尾恵介
『多摩の鉄道沿線 古今御案内』けやき出版　２００８年
・立川市　株式会社サイネックス　東京本部
『たちかわ市市民便利帳』立川市役所　２０１０年
・立川市　立川市商店街振興組合連合会
『立川まち探訪ガイド』　２０１１年
・散歩の達人編集部
『散歩の達人　２００６年２月号』　交通新聞社　２００６年
・Ｗａｌｋｅｒ編集部
『立川Ｗａｌｋｅｒ』角川クロスメディア　２００７年

・Ｗａｌｋｅｒ編集部
『立川Ｗａｌｋｅｒ　２００９』角川クロスメディア　２００８年
・ぴあ株式会社
『立川・八王子ぴあ』　ぴあ株式会社　２０１１年

【サイト】
・立川市ホームページ
http://www.city.tachikawa.lg.jp/cms-sypher/www/normal_top.jsp
・国立市ホームページ
http://www.city.kunitachi.tokyo.jp/
・昭島市公式ホームページ
http://www.city.akishima.lg.jp/

・日野市ホームページ
http://www.city.hino.lg.jp/
・東大和市公式ホームページ
http://www.city.higashiyamato.lg.jp/
・武蔵村山市ホームページ
http://www.city.musashimurayama.lg.jp/
・福生市公式ホームページ
http://www.city.fussa.tokyo.jp/
・八王子市ホームページ
http://www.city.hachioji.tokyo.jp/
・小平市ホームページ
http://www.city.kodaira.tokyo.jp/

・総務省統計局
http://www.stat.go.jp/
・警視庁
http://www.keishicho.metro.tokyo.jp/
・防衛省・陸上自衛隊
http://www.mod.go.jp/gsdf/
・陸上自衛隊　立川駐屯地
http://www.mod.go.jp/gsdf/eae/eaavn/
・陸上自衛隊　東立川駐屯地
http://www.mod.go.jp/gsdf/mic/giu/index/tyutonti/higasitatikawatyutonti.html
・Ｙｏｋｏｔａ Ａｉｒ Ｂａｓｅ
http://www.yokota.af.mil/

・東京都水道局

http://www.waterworks.metro.tokyo.jp/

・立川警察署ホームページ

http://www.keishicho.metro.tokyo.jp/8/tachikawa/index.htm

・東京都ホームページ

http://www.metro.tokyo.jp/

・内閣府　防災情報のページ

http://www.bousai.go.jp/

・地震調査研究推進本部ホームページ

http://www.jishin.go.jp/main/index.html

・東京都防災ホームページ

http://www.bousai.metro.tokyo.jp/index.html

・東京都都市整備局ホームページ
http://www.toshiseibi.metro.tokyo.jp/index.html
・ＪＲ東日本ホームページ
http://www.jreast.co.jp/
・多摩モノレールホームページ
http://www.tama-monorail.co.jp/
・西武鉄道Ｗｅｂサイト
http://www.seibu-group.co.jp/railways/
・甲武鉄道物語
http://yayaya.web.infoseek.co.jp/koubu/koubutetudou.html
・Ｋｍｏｎｏｓホームページ
https://kmonos.jp/

・ザ・ハウス@住宅知識ホームページ
http://jutaku-chishiki.com/
・ｐａｔｍａｐ 都市情報ホームページ
http://patmap.jp/CITY/
・立川の夏・南口商人祭オフィシャルサイト
http://e-ttm.co.jp/matsuri/
・ＬＵＭＩＮＥ立川店ホームページ
http://www.lumine.ne.jp/tachikawa/
・ｅｃｕｔｅ立川ホームページ
http://www.ecute.jp/tachikawa/
・グランデュオ立川ホームページ
http://www.granduo.jp/tachikawa/

・アレアレア／立川みなみ／ラーメンスクエアホームページ
http://www.arearea.co.jp/
・立飛企業株式会社ホームページ
http://www.tachihi.co.jp/
・多摩湖畔日誌
http://z-shibuya.cocolog-nifty.com/
・知の木々舎
http://chinokigi.blog.so-net.ne.jp/
・国営昭和記念公園公式ホームページ
http://www.showakinenpark.go.jp/
・ＪＫＫ東京　東京都住宅供給公社
http://www.to-kousya.or.jp/

・立川うど

http://www1.m-net.ne.jp/tsr-mm/udo.htm

・伊勢丹　立川店

http://www.isetan.co.jp/icm2/jsp/store/tachikawa/

・フロム中部

http://www.from-chubu.com/

・立川タカシマヤ

http://www.takashimaya.co.jp/tachikawa/index.html

・ブルーベリー狩りに行こう！　全国ブルーベリー農園情報

http://www.hat.hi-ho.ne.jp/heart_thoughts/diary/blueberry.htm

●編者

鈴木ユータ

1982年生まれ。千葉県出身。編集兼ライター。ムックや児童書の編集に携わるかたわら、情報誌などでは現地取材を信条とする執筆業にこだわる。結婚を機に多摩地区へ移住して9年目。著書に『これでいいのか千葉県』(マイクロマガジン社)などがある。

岡島慎二

1968年生まれ。茨城県出身。大衆居酒屋と猫をこよなく愛する編集兼ライター。東京・地方を問わず、地域の本質や問題点、まちづくりのあり方を探る「地域批評」をライフワークに全国を飛び回っている。現在は東京下町在住だが、先々は緑溢れる多摩ライフも考えている今日この頃。

地域批評シリーズ⑱　これでいいのか 東京都立川市

2017年10月12日　第1版　第1刷発行
2021年　4月　1日　第1版　第2刷発行

編　者　鈴木ユータ
　　　　岡島慎二
発行人　子安喜美子
発行所　株式会社マイクロマガジン社
　　　　〒104-0041　東京都中央区新富1-3-7 ヨドコウビル
　　　　TEL 03-3206-1641　FAX 03-3551-1208（販売営業部）
　　　　TEL 03-3551-9564　FAX 03-3551-0353（編　集　部）
　　　　https://micromagazine.co.jp/
編　集　髙田泰治
装　丁　板東典子
イラスト　田川秀樹
協　力　株式会社エヌスリーオー
印　刷　図書印刷株式会社
※定価はカバーに記載してあります
※落丁・乱丁本はご面倒ですが小社営業部宛にご送付ください。送料は小社負担にてお取替えいたします

※本書の内容は2017年9月13日現在の状況で制作したものです。

2021 Printed in Japan　ISBN　978-4-89637-657-9　C0195